타자연습 + 학교안전웹툰 + 파워포인트2016(한쇼)

발 행 일	2019년 11월 20일 (1판 1쇄)
개 정 일	2023년 03월 07일 (2판 3쇄)
I S B N	978-89-8455-991-2(13000)
정 가	10,000원
집 필	김승혜
진 행	김동주
본문디자인	디자인앨리스
발 행 처	(주)아카데미소프트
발 행 인	유성천
주 소	경기도 파주시 정문로 588번길 24
홈 페 이 지	www.aso.co.kr / www.asotup.co.kr

※ 이 책 표지와 내용에 사용된 웹툰은 주식회사 스마일게이트 스토브가 제공하는 『툰스푼 서비스』을 이용하여 제작하였습니다.

※ 이 책에 실린 독창적인 내용의 무단 전재, 복제는 저작권법에 저촉됩니다.

컴퓨터실에는 비밀번호가?!

컴퓨터실에서는 암호를 풀어야 컴퓨터를 사용할 수 있어요!

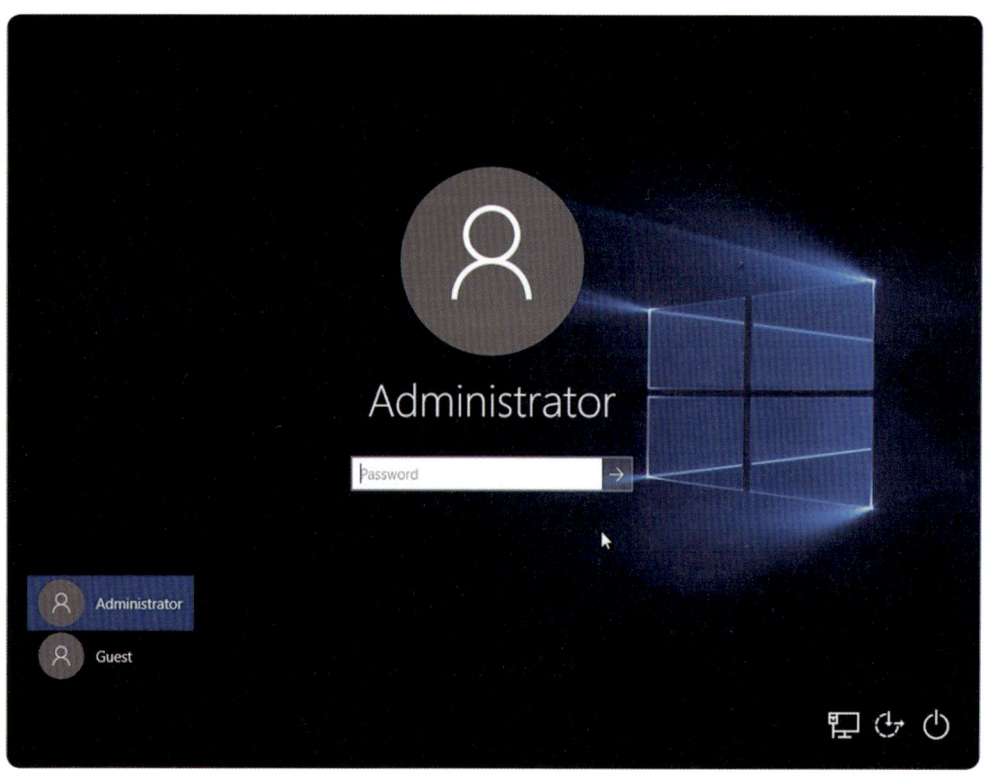

Q 컴퓨터실 암호는 무엇일까요?

Q 컴퓨터실 암호는 어떤 순서로 입력할까요?

오늘의 타수

타자 연습의 타자수 및 정확도를 적어보세요!

구분	날짜	타자수	정확도	확인란	구분	날짜	타자수	정확도	확인란
1	월 일				13	월 일			
2	월 일				14	월 일			
3	월 일				15	월 일			
4	월 일				16	월 일			
5	월 일				17	월 일			
6	월 일				18	월 일			
7	월 일				19	월 일			
8	월 일				20	월 일			
9	월 일				21	월 일			
10	월 일				22	월 일			
11	월 일				23	월 일			
12	월 일				24	월 일			

목차 CONTENTS

CHAPTER 01 즐거운 학교 생활! • 006
학교 안전 웹툰 완성하기 • 009

CHAPTER 02 컴퓨터실에서는... • 010
생각이 쑥쑥~~ • 014

CHAPTER 03 키보드야! 안녕? • 015
실력이 쑥쑥~~ • 018

CHAPTER 04 학용품 안전편 • 019
생각이 쑥쑥~~ • 022

CHAPTER 05 미끌미끌~ 바닥을 조심해! • 023
학교 안전 웹툰 완성하기 • 026
실력이 쑥쑥~~ • 027

CHAPTER 06 복도에서 뛰면 안돼~~~!!! • 028
학교 안전 웹툰 완성하기 • 031

CHAPTER 07 문을 닫을 때 조심해! • 032
학교 안전 웹툰 완성하기 • 035

CHAPTER 08 급식실 안전편(1) • 036
학교 안전 웹툰 완성하기 • 039

CHAPTER 09 급식실 안전편(2) • 040
실력이 쑥쑥~~ • 043

CHAPTER 10 복도 안전편 • 044
학교 안전 웹툰 완성하기 • 047

CHAPTER 11 체육 시간에... • 048
학교 안전 웹툰 완성하기 • 051

CHAPTER 12 운동장 안전편(1) • 052
학교 안전 웹툰 완성하기 • 055

타자연습 + 학교안전웹툰 + 파워포인트(한쇼)

CHAPTER 13 운동장 안전편(2) • 056
생각이 쑥쑥~~ • 060

CHAPTER 14 컴벤져스 되기 - 1차 관문 • 061

CHAPTER 15 학교 가는 길(1) • 066
실력이 쑥쑥~~ • 071

CHAPTER 16 학교 가는 길(2) • 072
실력이 쑥쑥~~ • 076

CHAPTER 17 도로 규칙을 지켜요! • 078
쉬어가기 • 082

CHAPTER 18 사이버 교통안전 알아보기 • 083

CHAPTER 19 현장 체험 학습에서 생긴 일 • 088

CHAPTER 20 컴벤져스 되기 - 2차 관문 • 092

CHAPTER 21 길을 잃었어요! • 097
실력이 쑥쑥~~ • 101

CHAPTER 22 무관심도 폭력이예요! • 102
실력이 쑥쑥~~ • 107

CHAPTER 23 스마트폰 중독은 위험해! • 108

CHAPTER 24 컴벤져스 되기 - 3차 관문 • 113
안전 히어로 컴벤져스 임명장 • 116

CHAPTER 01 즐거운 학교 생활!

01 안전 교실 : 수업시간에도 지켜야 할 예절이 있어요!

수업 시간에 지켜야 할 예절에 대해 생각해보고 웹툰을 완성해 보아요.

즐거운 수업시간! 그런데..
친구들이 다 제각각 다른 모습이네요?

떠드는 친구, 수업시간에 돌아다니는 친구,

손을 번쩍 들고 있는 친구, 딴짓하고 있는 친구 …

지금 여러분은 어떤 모습으로 수업을 듣고 있나요?

수업시간에 지켜야 할 예절에 대해 알아봅니다.

02 안전한 학교 생활 생각하기

지금 하고 싶은 것,
지금 친구에게 하고 싶은 말들을 다해버리면 공부하러 온 친구들이 피해를 입겠지요?
하고 싶은 것들은 꾹~ 참았다가 우리 수업 마치고 하기로 해요!

 생각해보기 수업 시간에 다른 친구들에게 방해되는 행동에 대해 적어봅시다.

03 안전한 학교 생활 다짐하기

아래 문장을 소리내어 읽고 따라 써 보세요.

수	업	시	간	에		질	문	이		있	으	면
수	업	시	간	에		질	문	이		있	으	면
손	을		들	고		이	야	기		한	다	.
손	을		들	고		이	야	기		한	다	.

04 컴퓨터와 친해지기

◆ 컴퓨터의 구성 장치에 대해 알아 봅니다.

- **모니터** : TV처럼 화면을 눈으로 볼 수 있게 해줘요!
- **본체** : 컴퓨터의 가장 중심이며, 사람의 머리처럼 기억하고, 다른 장치들에게 지시를 내려요!
- **키보드** : 내가 말하고 싶은 글자를 입력하게 해줘요!
- **마우스** : 나와 컴퓨터를 연결해주는 고마운 친구예요! 내가 원하는 것을 컴퓨터에 지시할 수 있어요!
- **헤드셋, 스피커** : 컴퓨터에서 나는 소리를 나에게 들려주는 친절한 친구예요!
- **프린터** : 모니터 화면에서 보이는 것을 손으로 만질 수 있게 종이로 출력해줘요!
- **스캐너** : 손으로 만질 수 있는 사진이나 종이를 컴퓨터에게 전달해줘요!

◆ 마우스는 이렇게 사용합니다.

▲ 클릭　　　　　▲ 더블 클릭　　　　　▲ 드래그

- **클릭** : 왼쪽 단추를 한 번 눌러서 선택할 수 있어요.
- **더블 클릭** : 왼쪽 단추를 두 번 빠르게 눌러서 실행할 수 있어요.
- **드래그** : 왼쪽 단추를 누른 채 마우스를 옆으로 움직여서 이동할 수 있어요.

학교 안전 웹툰 완성하기

📁 **불러올 파일** : 1강-예제   📁 **완성된 파일** : 1강-완성

01 마우스의 드래그 기능을 이용하여, 노란색 바탕에 있는 아이템을 상황에 맞도록 웹툰 그림으로 옮겨 꾸며 보세요.

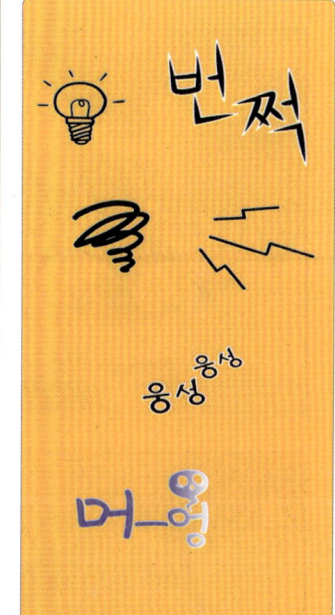

● 노란색 바탕의 아이템을 옮겨서 웹툰을 완성하려면 어떤 순서로 해야 할까요?

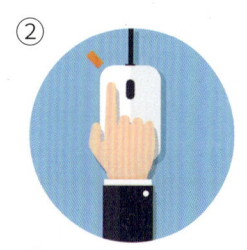

노란색 바탕에 있는 아이템을 클릭하고, 원하는 위치로 드래그해서 옮깁니다.

CHAPTER 01 - 즐거운 학교 생활!

CHAPTER 02 컴퓨터실에서는...

01 안전 교실 : 컴퓨터를 함부로 다루지 않아요!

컴퓨터실에서 지켜야 할 예절에 대해 생각해보고 웹툰을 완성해 보아요.

위 그림에 대해 생각해 볼까요?

친구들에게 자랑하고 싶어서 모니터를 돌려 보여주거나,

컴퓨터가 빨리 켜지지 않아 본체의 전원을 여러 번 누르거나,

화가나서 키보드를 쿵쿵 내리 쳤어요.

여러분은 오늘 어떤 행동을 했나요?

컴퓨터실은 학교 전체 학생들이 사용하는 곳이지요!

컴퓨터실에서 지켜야 할 예절에 대해 알아 봅시다.

02 안전한 학교 생활 생각하기

학교 전체 학생들이 공동으로 사용하는 컴퓨터실 또는
다목적실에서 컴퓨터나 물품을 함부로 대하지 않아요.
나의 잘못된 행동으로 자칫 망가져 버리게 되면 친구들이 사용을 못하게 되겠지요?

 컴퓨터실에서 지켜야 할 행동이 아닌 것은 무엇일까요(2가지)?

① 빨리 컴퓨터가 켜지는 것 같지 않아서, 본체 전원을 그냥 꾹 눌렀어요.

② 본체 전원을 누르고, 윈도우 화면이 켜질 때까지 기다렸어요.

③ 컴퓨터가 평소와 다른 화면이 나와 고장난 것 같아 손들고 선생님께 알렸어요.

④ 키보드를 여러 번 눌러도 잘 안 되는 것 같아 화가 나서 손으로 탁탁 쳤어요.

03 안전한 학교생활 다짐하기

아래 문장을 소리내어 읽고 따라 써 보세요.

공	동	으	로		사	용	하	는		물	품	은
공	동	으	로		사	용	하	는		물	품	은
함	부	로		다	루	지		않	는	다	.	
함	부	로		다	루	지		않	는	다		

04 컴퓨터와 친해지기

◆ 컴퓨터실에는 암호를 풀어야 컴퓨터를 할 수 있어요!

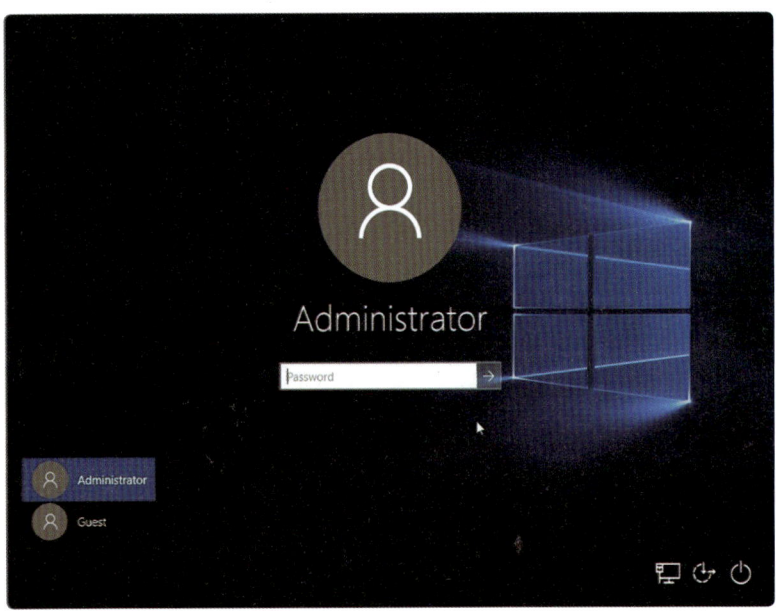

1 컴퓨터실 암호는 무엇일까요?

2 '키보드 연습' 파일을 열어 컴퓨터실 암호를 5번 입력합니다.

[주의] 암호를 입력하기 전에 키에 불이 켜져 있으면 안돼요! 불이 켜져 있으면 키를 눌러 끄고, 암호를 입력합니다.

◆ 컴퓨터의 기본 사용법에 대해 익혀 봅니다.

❶ **바탕 화면** : 컴퓨터를 켜면 제일 먼저 나타나는 화면이에요!

❷ **시작( ) 단추** : 설치된 앱을 실행하거나 컴퓨터를 끌 수 있어요!

❸ **(Windows 검색)** : 컴퓨터에 설치된 앱 또는 파일을 찾을 수 있어요!

❹ **(작업 보기)** : 현재 실행되고 있는 프로그램을 한눈에 볼 수 있어요!

❺ **앱 아이콘** : 컴퓨터에 설치된 프로그램을 아이콘 형태로 보여줘요!

❻ **시스템 아이콘** : 네트워크, 볼륨, 시계 등을 알 수 있어요!

❼ **(알림 센터)** : 자주 사용하는 설정과 업데이트 및 다양한 사항을 바로 확인 할 수 있어요!

❽ **(바탕화면 보기)** : 열려 있는 모든 프로그램들이 최소화되면서 바탕화면이 나타나요!

생각해보기 컴퓨터를 끄려면 어떤 것을 눌러야 할까요?

생각이 쑥쑥~~ 얼마만큼 알고 있는지 확인해 봅니다

1 다음 빈 칸에 알맞을 답을 적어봅시다.

이것은 ☐ ☐ 화면 입니다.

2 그림에 맞게 컴퓨터 구성 장치의 이름을 적어봅시다.

3 마우스 사용 명칭을 적어 봅니다.

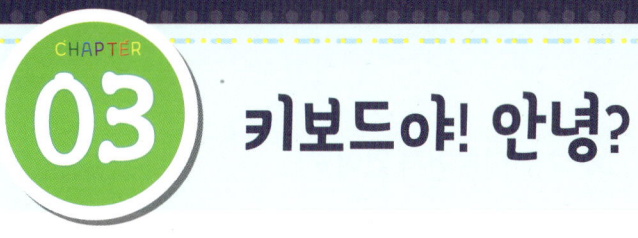

01 키보드 사용법을 익혀 보아요.

빨간색 점을 기준으로 검지부터 예쁘게 올려 보아요.

생각해보기

① 양손 엄지 손가락을 둬야 할 곳은 어디일까요? 위의 그림에 색칠해보고, 명칭을 적어봅시다.

② 파란색으로 색칠한 부분을 '기본 자리'라고 합니다.

　기본 자리 글쇠에서 왼손 네 번째 손가락이 있어야 할 곳은 어디일까요? 그림에서 찾아 ○표 해보세요.

02 우리 글과 키보드

우리 글은 소리 글자로 ☐☐ 과 ☐☐ 으로 이루어져 있어요~

☐☐ 은 닿아서 나는 소리를 우리말로 '닿소리'라고 하고,

☐☐ 은 홀로 나는 소리를 우리말로 '홀소리'라고 해요.

🟡 생각해보기

❶ 키보드 그림에서 자음에 해당되는 글자를 찾아 ○표, 모음에 해당되는 글자를 찾아 △표 해보세요.

❷ 공통점을 찾았나요?

키보드에서 자음은 ☐ 손으로,

모음은 ☐☐ 손으로 칩니다!

03 키보드 기능 알아보기

키보드의 주요 기능키에 대해 알아 봅니다.

ESC 이에스씨 : 명령 취소

Tab 탭 : 웹의 대화상자에서 항목 이동

Caps Lock 캡스락 : 불이 켜지면 영어 대문자, 불이 꺼지면 영어 소문자

Enter 엔터 : 명령 실행

스페이스 바 : 글자 띄우기

Num Lock 넘락 : 불이 켜지면 숫자 키, 불이 꺼지면 방향 키

● 다른 키와 함께 사용하는 조합 키

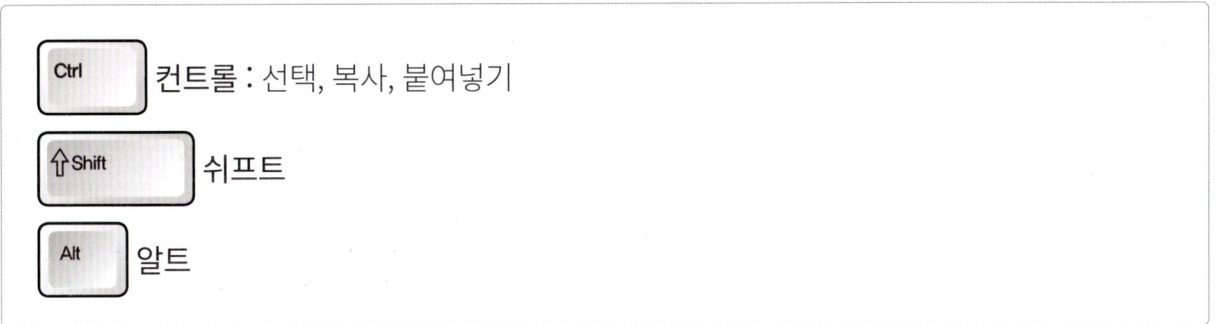

● 글자를 지워요!

● 다른 언어로 바꿔요.

실력이 쑥쑥~~

▶ **동영상 파일** : 특수키 송(주먹쥐고)

(1절)

ESC(이에스씨)는 명령취소
Tab(탭)키는 여덟칸 띄기

CapsLock(캡스락)은 대소문자
SpaceBar(스페이스바)는 공간 띄기

Shift(쉬프트) Alt(알트) Ctrl(컨트롤) 조합키
한글-영어 전환은 <한/영>키로

한자키는 한글을 한자로
Enter(엔터)키는 명령실행

문자삭제 Delete(딜리트)와
BackSpace(백스페이스) 있구요

Insert(인서트) 눌러 삽입-수정
NumLock(넘락)키는 숫자방향키

(2절)

키보드속에 기능키는
F1번부터 12번까지

Home-End(홈-엔드) 눌러 앞과 뒤로
PrintScreen(프린트스크린)은 화면복사

Page Up-Down(페이지 업-다운) 페이지
위-아래 재미난 특수키 기능 외워봐

학용품 안전편

01 안전 교실 : 날카롭고, 뾰족한 물건을 조심해요!

날카롭고 뾰족한 물건에 대해 생각해보고, 교실에서 뾰족한 물건이 있는지 알아 보아요.

**우리에게 늘 가까이 있는 교과서, 공책 등..
종이에 베이면 어떻게 될까요?**

윽.. 상상하기도 싫지요? 이처럼 날카롭고 뾰족한 물건들이
우리 주변에 많아요…

우리 교실 책상에서도 발견할 수 있어요!

떨어진 연필을 줍다가.. 가방 고리에 머리를 부딪칠 수
있으니 항상 조심해야 해요!

02 안전한 학교 생활 생각하기

눈 앞에서 사고가 일어나는 건 한 순간 이예요.
늘 가까이 있어 자주 사용하는 물건이지만 조심하지 않으면 크게 다칠 수 있어요!

1. 학용품 중에 날카롭고, 뾰족한 물건은 어떤 것들이 있을까요? 적어봅시다.

2. 컴퓨터실에서도 조심해야 될 물건은 어떤 것들이 있을까요? 적어봅시다.

03 안전한 학교 생활 다짐하기

아래 문장을 소리내어 읽고 따라 써 보세요.

연	필	,	가	위	,	자	,	칼		등		뾰	족
연	필	,	가	위	,	자	,	칼		등		뾰	족
한		학	용	품	은		조	심	히		사	용	한
한		학	용	품	은		조	심	히		사	용	한
다	.												
다	.												

04 컴퓨터와 친해지기

◆ **바탕화면의 [컴퓨터]를 더블 클릭해서 창을 열어봅니다.**

- 빠르게 두 번 클릭하기 어려울 경우, 클릭하고 엔터(Enter) 키를 누르면 쉽게 열려요!

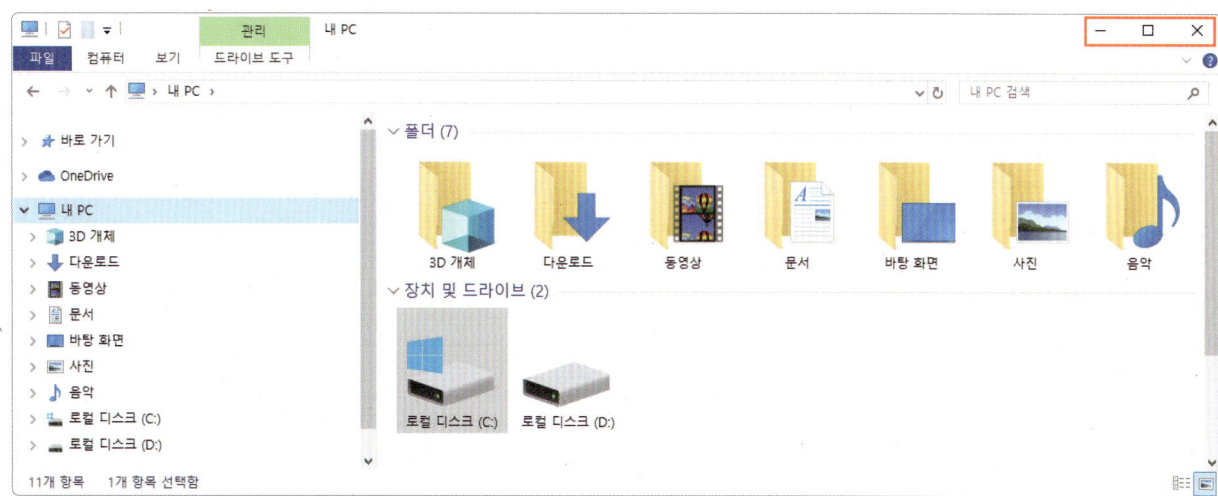

- 최소화(−) 단추 : 작업표시줄로 꼭꼭 숨어요!
- 최대화(□) 단추 : 창을 아주 크게 만들어요!
- 이전 크기(❐) 단추 : 창이 원래 크기로 작아져요!
- 닫기(×) 단추 : 창을 닫아요!

생각해보기

열려 있는 모든 프로그램들이 최소화되면서 바탕화면이 나타나게 하려면 어디를 클릭해야 할까요? O표 해보세요.

생각이 쑥쑥~~ 얼마만큼 알고 있는지 확인해 봅니다

1 키보드에 특수 키들을 정확한 위치로 옮겨 보세요.

 **불러올 파일 :** 4강-예제

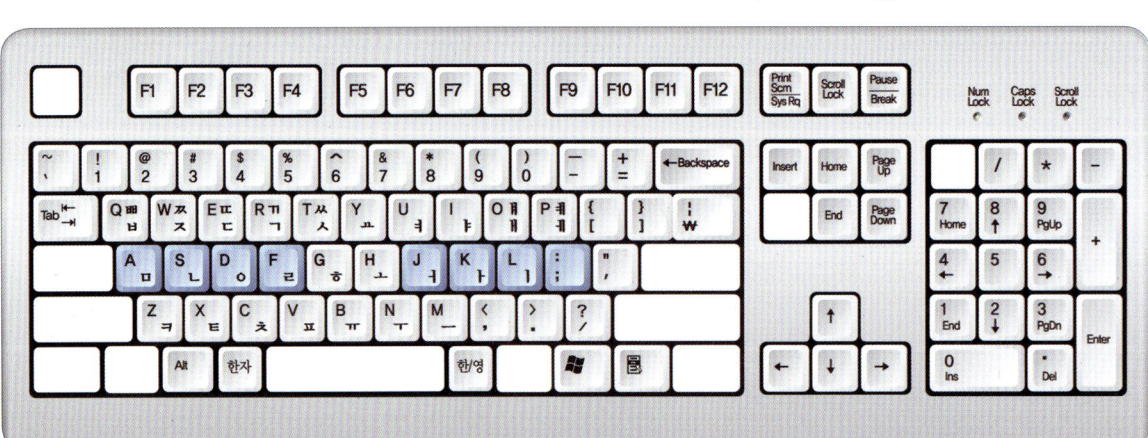

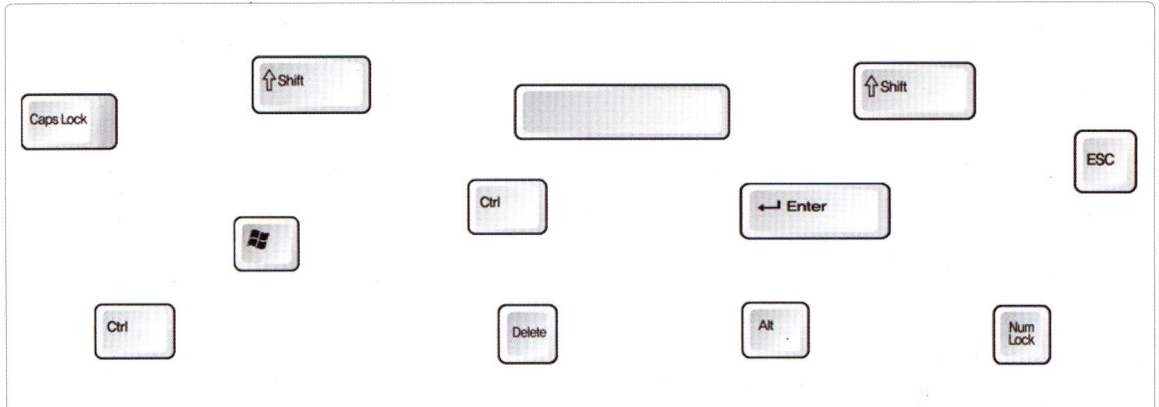

2 키보드의 특수 키 이름을 적어 봅니다.

① Enter _____   ② Ctrl _____

③ Delete _____   ④ Caps Lock _____

3 창을 아주 크게 만들려면 어떤 단추를 눌러야 할까요?

① ─   ② □   ③ ❐   ④ ✕

CHAPTER 05 미끌미끌~ 바닥을 조심해!

01 안전 교실 : 물기가 있는 바닥은 조심조심~~

화장실 안전에 대해 생각해보고, 웹툰을 완성해 보아요.

띵동띵동~ 쉬는 시간!!

 민정 : 정은아~ 화장실 같이 가자~

 정은 : 그래! 근데 아까 수업시간에 너무 웃겼어

 민정 : 그치~ 근미가 원숭이 표정 짓는데~~

속닥속닥·· 꺄르르···. 그 순간,

꺄아악! ……

민정이와 이야기에 빠져있던 정은이가 물기가 있는 바닥을 지나가다 쿵!
미끄러지고 말았어요…

02 안전한 학교 생활 생각하기

화장실 갈 때도 안전을 생각해야 해! 실내화를 신고 다니지만 화장실은 물과 가까운 곳이기도 하고, 바닥이 타일로 되어 있어 바닥에 흘려진 물을 지나가다 순간 미끄러져 크게 다칠 수도 있어!

생각해보기 화장실에서 해야 할 안전한 행동에 대해 적어봅시다.

03 안전한 학교 생활 다짐하기

아래 문장을 소리내어 읽고 따라 써 보세요.

화	장	실	에	서		뛰	거	나		친	구	와
화	장	실	에	서		뛰	거	나		친	구	와
장	난	치	지		않	는	다	.				
장	난	치	지		않	는	다	.				

04 키보드와 친해지기

◆ 우리 말과 키보드의 공통점이 있어요!

- 우리 말을 쓰는 순서와 키보드 입력하는 순서가 비슷해요!

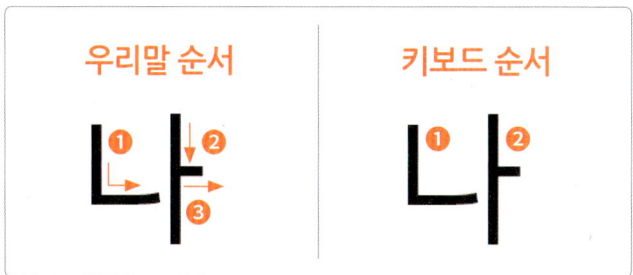

◆ 키보드 기본 자리의 자음과 모음을 단어로 만들어 볼까요?

ㅁ, ㄴ, ㅇ, ㄹ, ㅓ, ㅏ, ㅣ, ;

▶ 동영상 파일 : 키보드 송(낱말연습 1단계)

➡ '키보드 연습' 파일을 열어 다음과 같이 입력해 보세요.

불러올 파일 : 키보드 연습

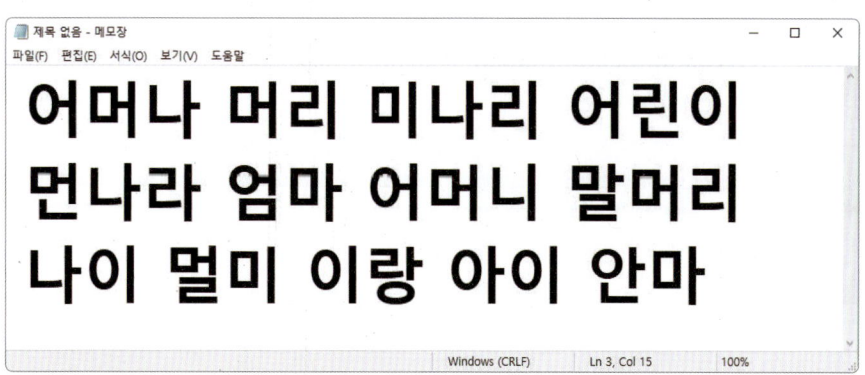

학교 안전 웹툰 완성하기
- 장면과 같이 웹툰을 꾸며 보세요 -

● 불러올 파일 : 5강-예제   ● 완성된 파일 : 5강-완성

01 마우스의 드래그 기능을 이용하여, 노란색 바탕에 있는 아이템을 상황에 맞도록 웹툰 그림으로 옮겨 꾸며 보세요.

  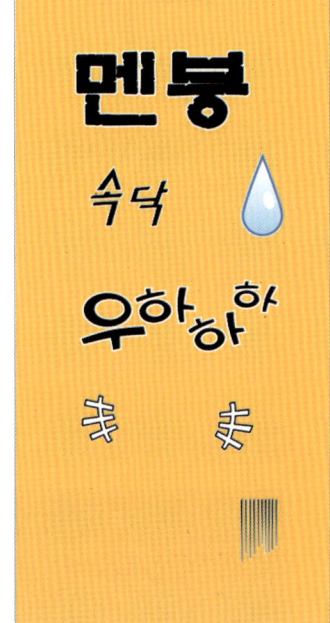

● 웹툰 아이템을 복사하여, 그림과 같이 완성하려고 하면 어떻게 해야 할까요? 빈 칸에 답을 적어봅니다.

　　　　　　　　　　　　키를 누른 채 원하는 위치로 드래그합니다.

실력이 쑥쑥~~ 얼마만큼 알고 있는지 확인해 봅니다

1. 다음 줄로 넘어 가려면 키보드에서 어떤 키를 눌러야 할까요? 키보드 그림에 ○표 해보세요.

2. 글자를 잘못 적었어요!! 글자를 지우려면 어떤 키를 눌러야 할까요? 키보드 그림에 ☆표 해보세요.

3. 키보드에서 띄어쓰기 할 때 어떤 키를 눌러야 할까요? 키보드 그림에 △표 해보세요.

복도에서 뛰면 안돼~~~!!!

01 안전 교실 : 계단, 복도에서 뛰어 다니지 않아요.

복도, 계단 안전에 대해 생각해보고, 웹툰을 완성해 보아요.

즐거운 쉬는 시간! 운동장에 나가 뛰어 놀고 싶지만.. 비가 오는 탓에 심심했던 세라는 송아에게 장난을 치기 시작했어요.

 세라 : 송아지~ 송아지~ 얼룩 송아지~ 메롱~~~ 나 잡아봐라~

 송아 : 야!!!

 세라 : 내가 달리기 더 빠를 껄~~? 하하하하

 송아 : 웃기네~~ 내가 더 빨라~~ 하하하하

그렇게 복도를 뛰어가다가 계단으로 도망가는 세라는 빨리 내려가려고 두 칸, 세 칸씩 뛰어가다 그만.. 휙~ 넘어지고 말았어요…

02 안전한 학교 생활 생각하기

복도에서 뛰어다니다 친구와 부딪쳐서 큰 사고를 당할 수 있어!
특히, 계단에서 뛰어다니거나 장난치다 넘어져서 갈비뼈가 부러질 수 있으니, 항상 복도와 계단은 오른쪽으로 천천히 걸어 다녀야 해!

생각해보기 복도와 계단에서 해야 할 안전한 행동에 대해 적어봅시다.

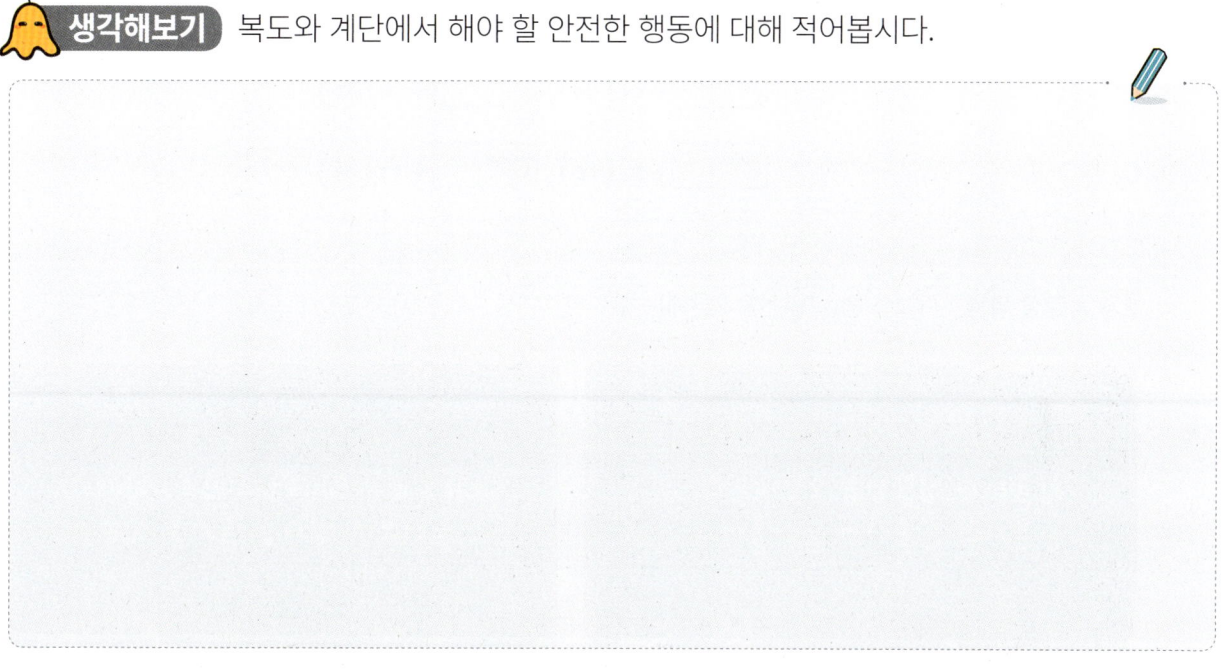

03 안전한 학교 생활 다짐하기

아래 문장을 소리내어 읽고 따라 써 보세요.

복	도	와		계	단	에	서	는		오	른	쪽	으
복	도	와		계	단	에	서	는		오	른	쪽	으
로		천	천	히		걸	어		다	닌	다	.	
로		천	천	히		걸	어		다	닌	다	.	

04 키보드와 친해지기

◆ 키보드 기본 자리에서 윗자리의 자음과 모음을 단어로 만들어 볼까요? 새끼 손가락으로 Shift 키를 눌러서 단어를 만들어 봅시다.

ㅂ, ㅈ, ㄷ, ㄱ, ㅕ, ㅑ, ㅐ, ㅔ,

Shift + ㅂ(ㅃ), Shift + ㅈ(ㅉ)

Shift + ㄷ(ㄸ), Shift + ㄱ(ㄲ)

▶ 동영상 파일 : 키보드 송(낱말연습 2단계)

➡ '키보드 연습' 파일을 열어 다음과 같이 입력해 보세요.

불러올 파일 : 키보드 연습

```
장난감 걸다 딱지 아버지
똥구멍 지나가다 예절 짝지
꼬꼬댁 반지 다리미 뿡뿡
```

생각해보기 키보드에서 쌍자음(ㅃ, ㅉ, ㄲ, ㄸ)을 입력할 때 어떤 특수키를 함께 눌러야 할까요?

　　　　　　　　키

학교 안전 웹툰 완성하기
- 장면과 같이 웹툰을 꾸며 보세요. -

📁 **불러올 파일** : 6강-예제   📁 **완성된 파일** : 6강-완성

01 마우스의 드래그 기능을 이용하여, 노란색 바탕에 있는 아이템을 상황에 맞도록 웹툰 그림으로 옮겨 보세요.

  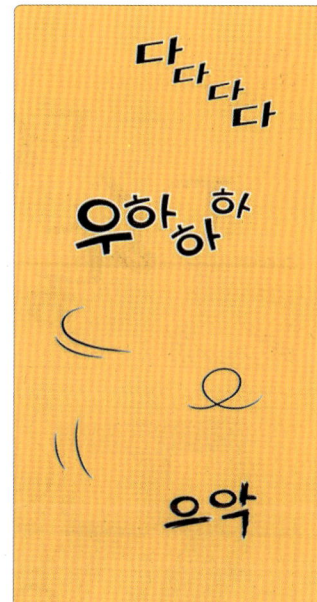

● 다음 그림과 같이 완성하려고 하면 어떻게 해야 할까요?

  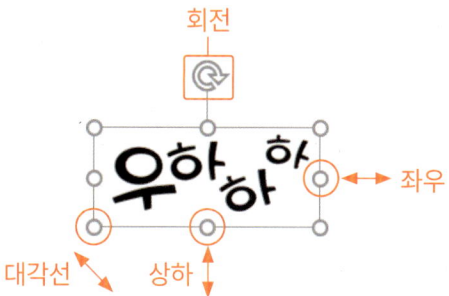

그림을 클릭하면 **조절점**이 나타나요!
마우스를 조점절에 대면
화살표 모양으로 바뀌는데,
이때 **드래그**를 하면 크기를
바꿀 수 있어요!

CHAPTER 06 - 복도에서 뛰면 안돼~~~!!!

CHAPTER 07 문을 닫을 때 조심해!

01 안전 교실 : 문을 닫을 때, 뒷사람이 있는지 확인해야 해요.

교실(창문, 문) 안전에 대해 생각해보고, 웹툰을 완성해 보아요.

딩동~ 딩동~ 수업시간을 알리는 종소리…

 이경 : 선생님 오시기 전에 빨리 들어가야지

 진영 : 경아~ 같이 가~

뒤에 뛰어오는 진영이를 보지 못한 이경은 문을 열고 닫았어요.

 이경 : 휴~ 아직 선생님 안 오셨어.. 다행이야

.. 그 순간!!

 진영 : 아!!! 내 손가락!!!!

뒤에 뛰어 들어오던 진영이가 문에 손가락이 끼이고 말았어요…

02 안전한 학교 생활 생각하기

문을 열거나 닫을 때는 항상 뒤에 친구가 있는지 확인하고,
창문도 닫기 전에 문틈 사이에 친구가 손을 대고 있는지 확인해야 해!
문틈에 손이 끼이면 손가락 골절 등 큰 사고로 이어질 수 있어!

생각해보기 교실에서 해야 할 안전한 행동에 대해 적어봅시다.

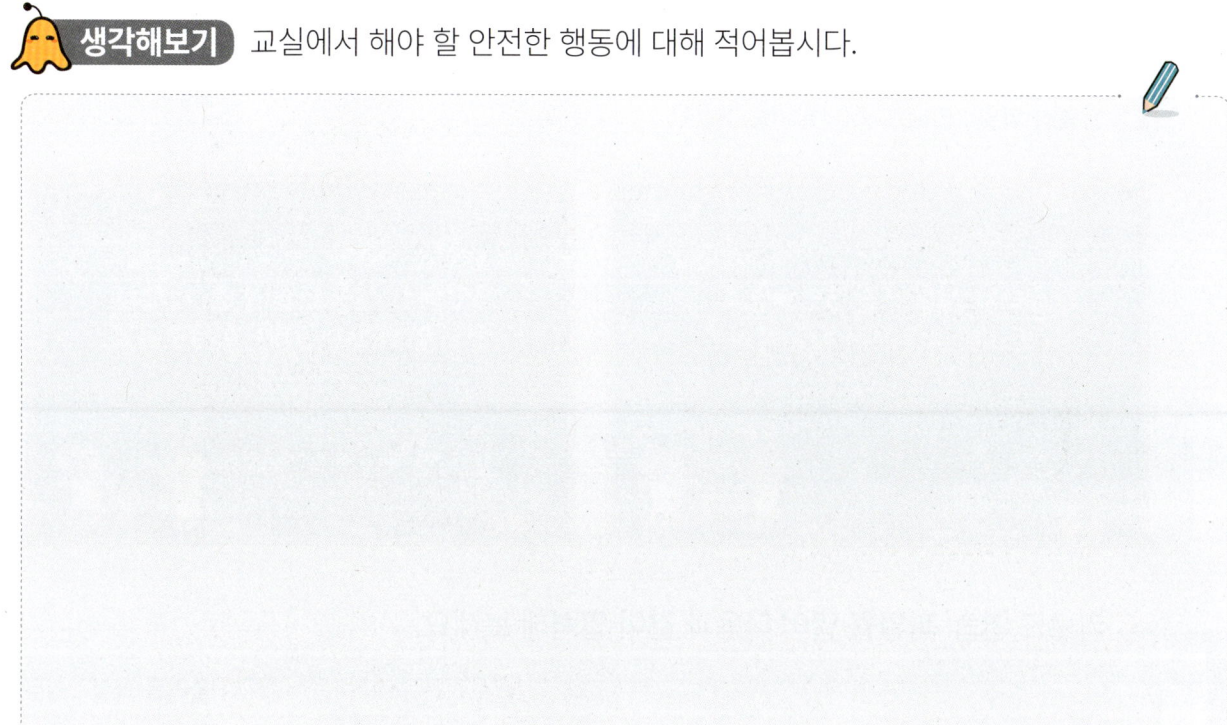

03 안전한 학교 생활 다짐하기

아래 문장을 소리내어 읽고 따라 써 보세요.

문	을		열	거	나		닫	을		때	는		뒷
문	을		열	거	나		닫	을		때	는		뒷
사	람	이		있	는	지		확	인	한	다	.	
사	람	이		있	는	지		확	인	한	다	.	

04 키보드와 친해지기

◆ 키보드 기본 자리에서 검지 자리의 자음과 모음을 단어로 만들어 볼까요?

ㅅ, ㅎ, ㅠ, ㅛ, ㅗ, ㅜ

▶ **동영상 파일** : 키보드 송(낱말연습 3단계)

➡ '키보드 연습' 파일을 열어 다음과 같이 입력해 보세요.

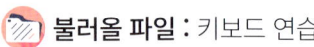
불러올 파일 : 키보드 연습

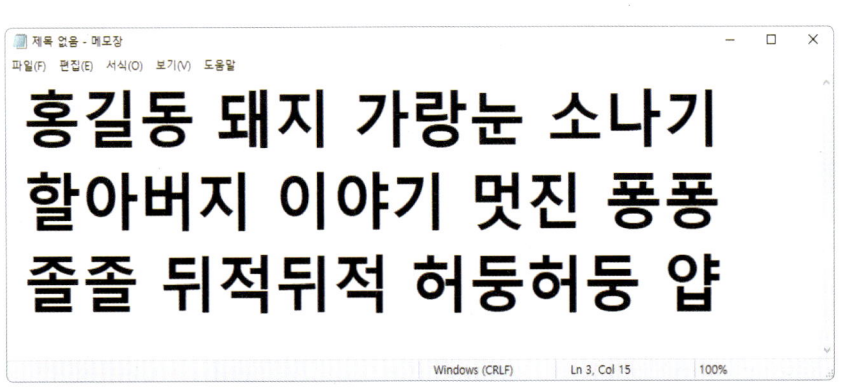

생각해보기 키보드에서 검지 손가락이 누르는 곳들을 ○표 해보세요.

학교 안전 웹툰 완성하기
- 장면과 같이 웹툰을 꾸며 보세요. -

불러올 파일 : 7강-예제   **완성된 파일** : 7강-완성

01 그림과 같이 말풍선을 넣어 완성하려고 하면 어떻게 해야 할까요?

● **파워포인트를 이용하는 방법** : [삽입] 탭-[일러스트레이션]-그룹-[도형], [그리기 도구]-[서식] 탭-[도형 스타일] 그룹

● **한쇼를 이용하는 방법** : [입력] 탭-[도형] 이미지 꾸러미의 [자세히(▼)] 단추, [도형] 탭-[도형 스타일] 이미지 꾸러미의 [자세히(▼)] 단추

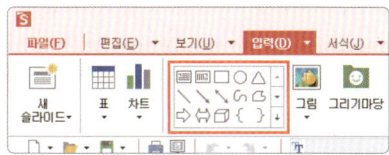
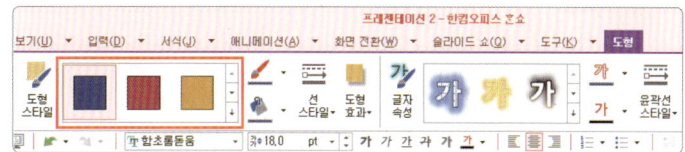

CHAPTER 07 - 문을 닫을 때 조심해!

 급식실 안전편(1)

01 안전 교실 : 식판을 들고 움직일 때는 주변을 살펴요.

급식실 안전에 대해 생각해보고, 웹툰을 완성해 보아요.

기다리고 기다리던 점심 시간!!

 진희 : "앗싸~ 급식시간~ 음~~~ 맛있는 냄새~"

배식을 받고 돌아서는 그 때, 마주오던 소희를 발견하였어요..

 소희 : 고기 더 받으러 가야지~ 룰루랄라~

 진희 : (엇! 부딪칠 거 같은데.. 옆으로 살짝 피해야겠다.)

그렇게 마음속으로 생각한 진희는 살짝 피하려던 순간! 진희를 보지 못한 소희가 식판을 들고 지나가다 쿵!!! 부딪치고 말았어요..

02 안전한 학교 생활 생각하기

식판을 들고 움직일 때는 주변에 친구들이 있는지 꼭 확인해야 해.
나의 잘못으로 나와 친구들이 뜨거운 국물에 화상을 입을 수 있어!

 급식실에서 해야 할 안전한 행동에 대해 적어봅시다.

03 안전한 학교생활 다짐하기

아래 문장을 소리내어 읽고 따라 써 보세요.

식	판	을		들	고		움	직	일		때	는	
식	판	을		들	고		움	직	일		때	는	
항	상		주	변	을		살	핀	다	.			
항	상		주	변	을		살	핀	다	.			

04 키보드와 친해지기

◆ 키보드 기본 자리에서 오른손 윗자리의 자음과 모음을 단어로 만들어 볼까요?

ㅕ, ㅑ, ㅐ, ㅔ

▶ 동영상 파일 : 키보드 송(낱말연습 4단계)

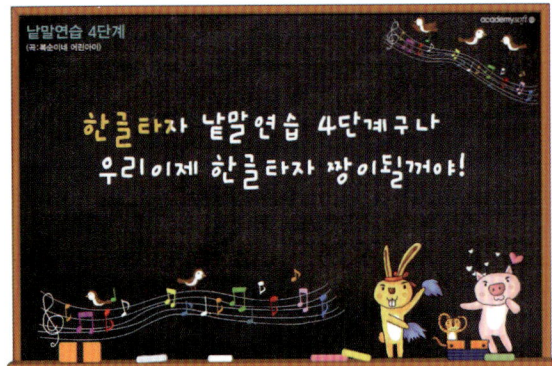

➡ '키보드 연습' 파일을 열어 다음과 같이 입력해 보세요.

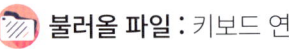
불러올 파일 : 키보드 연습

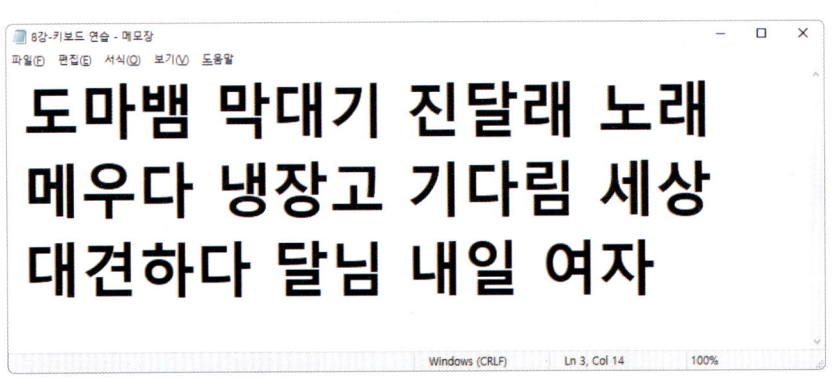

생각해보기 내 이름을 입력하려면 어떤 키를 눌러야 할까요? 내 이름을 적어보고, 키보드의 그림에 ☆표 해보세요.

내 이름은

입니다.

학교 안전 웹툰 완성하기
- 장면과 같이 웹툰을 꾸며 보세요. -

🔴 **불러올 파일** : 8강-예제   🔵 **완성된 파일** : 8강-완성

01 애니메이션 효과로 '강조선'을 움직이게 만들어 보세요!

● **파워포인트를 이용하는 방법** : [애니메이션] 탭-[애니메이션] 그룹-[나누기(⭐)] 클릭하여 효과 적용 → F5 키를 눌러서 슬라이드 쇼 실행

● **한쇼를 이용하는 방법** : [애니메이션] 탭-[밝기 변화(⭐)] 클릭하여 효과 적용 → F5 키를 눌러서 슬라이드 쇼 실행

CHAPTER 08 - 급식실 안전편(1) **039**

 급식실 안전편(2)

01 안전 교실 : 식단표를 미리 확인하여 알레르기 음식을 피해요.

여러분! 혹시 어떤 음식을 먹고 난 후, 입술이 붓거나 목이 부은 적 있나요?

아니면… 간지러운 느낌이나 갑자기 기침이 계속 나온다거나…

배가 아파서 설사를 하거나…

몸에 올록볼록 두드러기가 났거나…

이 중에 하나라도 증상을 보였다면 음식 알레르기가 있을 수도 있어요!

음식 알레르기가 있는데 모르고 먹었을 경우..

아주 위험한 상황이 될 수 있으니 여러분 꼭 식단표를 미리 확인하고, 조심해야 해요!!

02 안전한 학교 생활 생각하기

손은 세균이나 바이러스에 쉽게 노출되어 있어, 항상 깨끗이 씻도록 해요!

 음식을 먹기 전 이외에도 언제 손을 씻어야 하는 지 적어봅시다.

03 안전한 학교 생활 다짐하기

아래 문장을 소리내어 읽고 따라 써 보세요.

부	모	님	에	게		나	의		알	레	르	기
부	모	님	에	게		나	의		알	레	르	기
음	식	을			미	리		물	어	본	다	.
음	식	을			미	리		물	어	본	다	.

04 키보드와 친해지기

◆ 키보드 기본 자리에서 왼손 밑자리의 자음과 모음을 단어로 만들어 볼까요?

ㅋ, ㅌ, ㅊ, ㅍ

▶ 동영상 파일 : 키보드 송(낱말연습 5단계)

➡ '키보드 연습' 파일을 열어 다음과 같이 입력해 보세요.

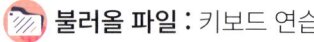

불러올 파일 : 키보드 연습

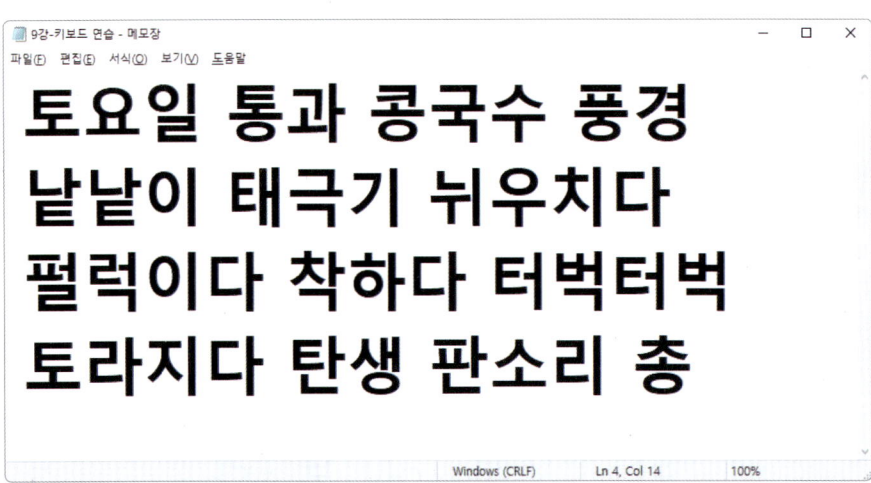

토요일 통과 콩국수 풍경
낱낱이 태극기 뉘우치다
펄럭이다 착하다 터벅터벅
토라지다 탄생 판소리 총

 **실력이 쑥쑥~~** 그림과 같이 꾸며 보세요!

1 즐거운 점심 시간! 내가 먹고 싶은 음식들을 올려 보세요!

 불러올 파일 : 9강-예제, '9강-이미지' 폴더내 그림 파일   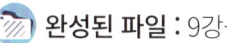 **완성된 파일** : 9강-완성

● 파워포인트를 이용하는 방법 : [삽입] 탭-[이미지] 그룹-[그림]

※ 온라인을 이용하여 그림 넣기 : [삽입] 탭-[이미지] 그룹-[온라인 그림]을 선택한 후 검색어 입력

   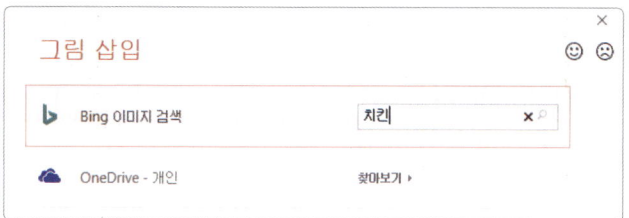

▲ 온라인을 이용하여 그림 넣기

● 한쇼를 이용하는 방법 : [입력] 탭-[그림]

복도 안전편

> **01** 안전 교실 : 단체로 움직일 때는 줄을 서서 천천히 이동해요.

질서와 안전에 대해 생각해보고, 웹툰을 완성해 보아요.

신나는 컴퓨터 시간~ 컴퓨터실로 이동합니다! 차례로 줄 서세요!

 인성 : 머야! 왜 앞사람 빨리 안가?

 명은 : 쟤들이 빨리 안걸어가자나~~

 우성 : 빨리 컴퓨터 하러 가고 싶은데!! 정말~~~~~

 정숙 : (간질 간질)

 우성 : 정숙이 너~~~ 간지럽게 하지마~~

그렇게 반 친구들이 기분이 들떠서 차례를 지키지 않고, 걸어가다 명은이가 넘어지면서 우르르 다같이 넘어지고 말았어요.

02 안전한 학교 생활 생각하기

단체로 이동할 때는 떠들거나 장난치지 않고, 차례로 줄을 서서 천천히 걸어 가야해.
앞 친구가 빨리 가지 않는다고 해서 밀거나, 질서를 지키지 않으면 자칫 큰 사고가 발생할 수 있어!

생각해보기 학교에서 줄을 서서 이동할 때는 언제 인지 적어봅시다.

03 안전한 학교 생활 다짐하기

아래 문장을 소리내어 읽고 따라 써 보세요.

이	동	할		때	는		줄	을		서	서		천
이	동	할		때	는		줄	을		서	서		천
천	히		걸	어	갑	니	다	.					
천	히		걸	어	갑	니	다	.					

CHAPTER 10 - 복도 안전편

04 키보드와 친해지기

◆ 키보드 기본 자리에서 오른손 밑자리의 자음과 모음을 단어로 만들어 볼까요?

▶ 동영상 파일 : 키보드 송(낱말연습 6단계)

➡ '키보드 연습' 파일을 열어 다음과 같이 입력해 보세요.

📎 불러올 파일 : 키보드 연습

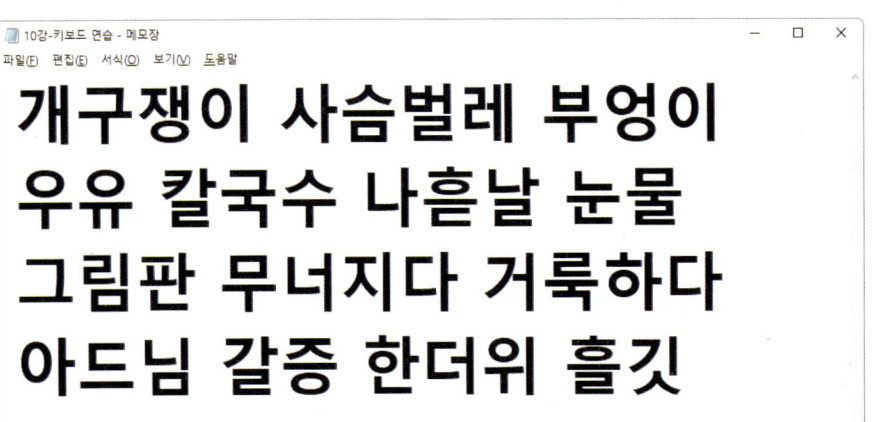

학교 안전 웹툰 완성하기
- 장면과 같이 웹툰을 꾸며 보세요. -

■ 불러올 파일 : 10강-예제   ■ 완성된 파일 : 10강-완성

01 마우스의 드래그 기능을 이용하여, 노란색 바탕에 있는 아이템을 상황에 맞도록 웹툰 그림으로 옮겨 꾸며 보세요.

02 웹툰 아이템들을 애니메이션 효과로 움직이게 만들어 보세요!

- **파워포인트를 이용하는 방법** : [애니메이션] 탭-[애니메이션] 그룹-[흔들기] 클릭하여 효과 적용 → F5 키를 눌러서 슬라이드 쇼 실행

- **한쇼를 이용하는 방법** : [애니메이션] 탭-[애니메이션] 그룹-[모자이크] 클릭하여 효과 적용 → F5 키를 눌러서 슬라이드 쇼 실행

체육 시간에...

01 안전 교실 : 체육활동을 하기 전에는 반드시 준비운동을 해요.

체육활동의 안전에 대해 생각해보고, 웹툰을 완성해 보아요.

즐거운 체육시간! 준비운동을 해서 긴장된 근육을 먼저 풀어볼까요?

 명지 : 하나! 둘! 셋! 넷! …

 은경 : 뭐야? 쟤들 왜 준비운동 안해?

 향옥 : 시끄럽게 누워서 뭐하는 거야~~

 은우 : 귀찮아~ 준비운동할 필요 없어~

 해인 : 은우~ 선생님 오시기 전에 달리기 내기 할래?

그렇게 선생님 말씀을 듣지 않은 은우와 해인이는 뛰어놀기 시작했고.. 금세 어지럽기 시작하고 다리에 힘이 풀려 주저앉았습니다.

02 안전한 학교 생활 생각하기

체육활동을 하기 전에는 반드시 준비운동을 해야 해!
몸의 근육을 충분히 풀어주지 않고 활동적인 운동을 하다가 산소량이 줄어서 어지럽거나 인대가 늘어나는 큰 부상을 겪을 수 있어!

 체육시간에 해야 할 안전한 행동에 대해 적어봅시다.

03 안전한 학교 생활 다짐하기

아래 문장을 소리내어 읽고 따라 써 보세요.

체	육	활	동	을		하	기		전	에	는		반
체	육	활	동	을		하	기		전	에	는		반
드	시		준	비	운	동	을		한	다	.		
드	시		준	비	운	동	을		한	다	.		

04 키보드와 친해지기

◆ 키보드 기본 자리에서 왼손 윗자리의 쌍자음과 모음을 단어로 만들어 볼까요?

ㅆ, ㄲ, ㄸ, ㅉ, ㄲ

▶ 동영상 파일 : 키보드 송(낱말연습 7단계)

➡ '키보드 연습' 파일을 열어 다음과 같이 입력해 보세요.

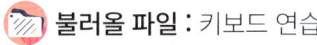
불러올 파일 : 키보드 연습

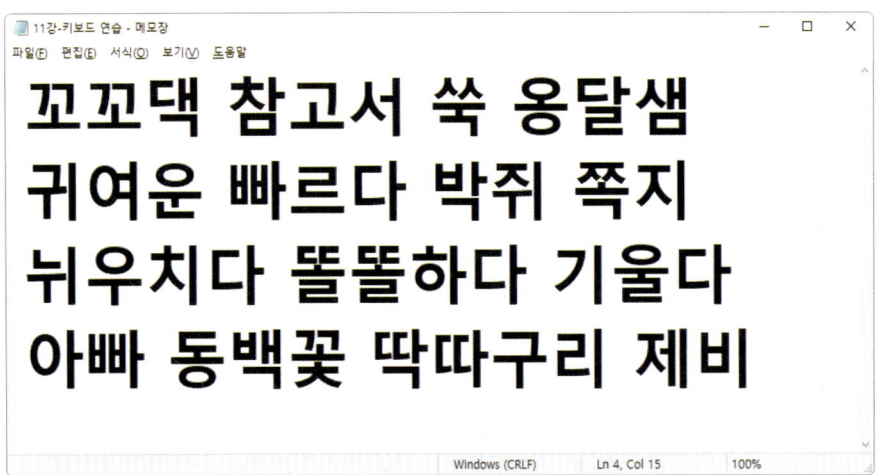

학교 안전 웹툰 완성하기
- 장면과 같이 웹툰을 꾸며 보세요. -

불러올 파일 : 11강-예제   **완성된 파일** : 11강-완성

01 웹툰에 말풍선을 넣어 보세요!

- **파워포인트를 이용하는 방법** : [삽입] 탭-[일러스트레이션] 그룹-[도형]-[설명선]에서 선택
- **한쇼를 이용하는 방법** : [입력] 탭-[도형] 이미지 꾸러미의 [자세히(▼)]단추를 눌러 [설명선]에서 선택

02 4장면의 웹툰을 화면 효과로 장면을 움직이게 해보세요!

- **파워포인트를 이용하는 방법** : 전환할 슬라이드를 선택하고 [전환] 탭-[슬라이드 화면 전환] 그룹에서 [자세히(▼)] 단추를 눌러 '밝기 변화', '밀어내기', '닦아내기', '나누기'를 차례로 선택
- **한쇼를 이용하는 방법** : 전환할 슬라이드를 선택하고 [화면 전환]에서 목록 단추(▼)를 눌러 [슬라이드 화면 전환] 클릭→ [슬라이드 화면 전환] 창에서 '흐려졌다 나타내기', '밀어내기', '닦아내기', '수직 분할'을 차례로 선택

CHAPTER 12 운동장 안전편(1)

01 안전 교실 : 쉬는 시간 축구 경기할 때 조심해야 해요.

운동장의 안전에 대해 생각해보고, 웹툰을 완성해 보아요.

여러분은 쉬는 시간에 무엇을 하나요?

만화의 이 친구들은 축구경기를 하고 있네요!
그런데... 공이 교문 밖으로 굴러 나갔어요..
만약에 여러분이라면 어떻게 할까요?

02 안전한 학교 생활 생각하기

공이 교문 밖으로 넘어 갔다해서 밖에 나가서 가지고 오면 안돼요!
학교 앞을 지나가는 차에 부딪쳐서 큰 부상을 입을 수 있어요!
그리고 운동장에서 놀 때는 자기 주변을 항상 잘 확인해야 해요!

 쉬는 시간 운동장에서 해야 할 안전한 행동에 대해 적어봅시다.

03 안전한 학교 생활 다짐하기

아래 문장을 소리내어 읽고 따라 써 보세요.

운	동	장	에	서		놀		때	는		자	기
운	동	장	에	서		놀		때	는		자	기
주	변	을			항	상		잘		확	인	한	다
주	변	을			항	상		잘		확	인	한	다

04 키보드와 친해지기

◆ 키보드 기본 자리에서 오른손 윗자리의 쌍자음과 모음을 단어로 만들어 볼까요?

ㅒ, ㅖ

▶ 동영상 파일 : 키보드 송(낱말연습 8단계)

➡ '키보드 연습' 파일을 열어 다음과 같이 입력해 보세요.

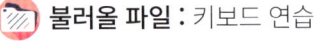

불러올 파일 : 키보드 연습

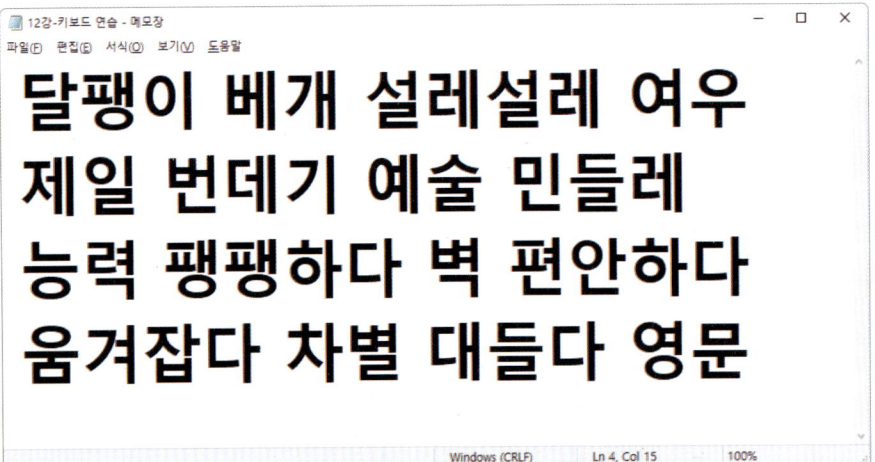

학교 안전 웹툰 완성하기
- 장면과 같이 웹툰을 꾸며 보세요. -

● 불러올 파일 : 12강-예제   ● 완성된 파일 : 12강-완성

01 그림과 같이 제목을 넣어 완성하려고 하면 어떻게 해야 할까요?

교문 밖으로 나가지 않아요.

● 파워포인트를 이용하는 방법 : [삽입] 탭-[텍스트] 그룹-[WordArt]

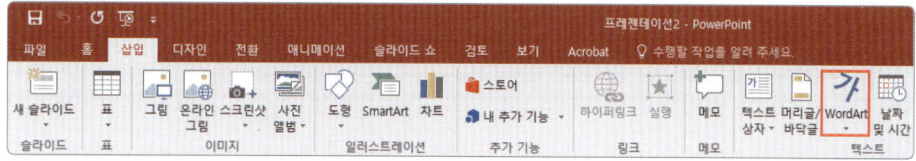

● 한쇼를 이용하는 방법 : [입력] 탭-[워드숍]

CHAPTER 12 - 운동장 안전편(1) | **055**

CHAPTER 13 운동장 안전편(2)

01 안전 교실 : 운동장에서 놀 때 주의할 점을 알아 보아요.

어린이 안전넷을 검색하여 동영상을 시청해 보아요.

인터넷을 실행하여, '어린이 안전넷'을 검색해볼까요?

생각해보기 '어린이 안전넷'을 검색하려면 어떤 순서로 입력해야 할까요? (연필로 따라 적어보세요.)

| ㅇ | ㅓ | ㄹ | ㅣ | ㄴ | ㅇ | ㅣ | | ㅇ | ㅏ | ㄴ | ㅈ | ㅓ | ㄴ |
| ㄴ | ㅔ | ㅅ | | | | | | | | | | | |

02 어린이 안전넷 홈페이지의 하단에 학교 안전을 클릭하여, 운동장 동영상을 시청해 보아요.

 **생각해보기**

❶ 운동장 동영상의 퀴즈 문제도 함께 풀어볼까요?

정답은 번 입니다.

03 [학교안전]에서 '교실/창문' 동영상 시청하기

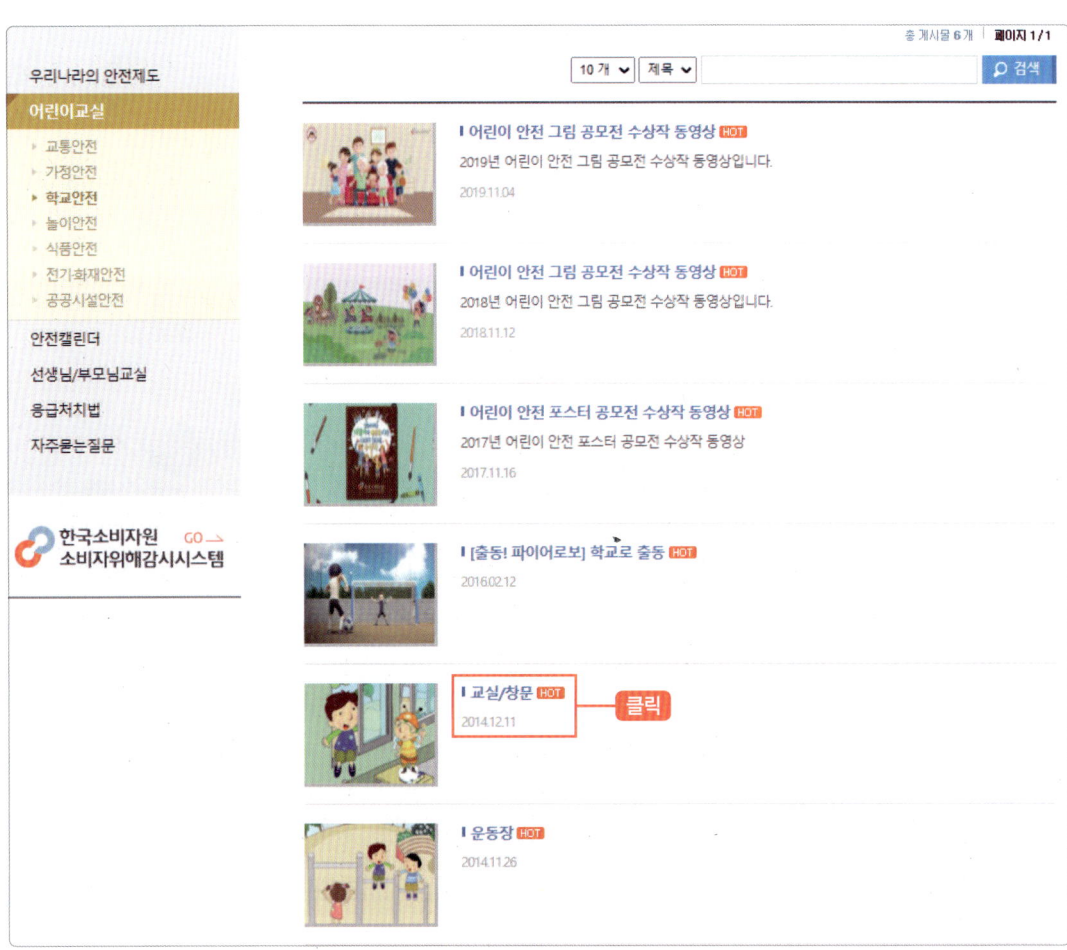

CHAPTER 13 - 운동장 안전편(2) 059

생각이 쑥쑥~~ 동영상을 시청해보세요!

1️⃣ [학교안전]에서 [출동! 파이어로보] 제3화 학교로 출동 동영상을 시청해보세요.

2️⃣ 학교 안전에 관련된 문제를 풀어보세요.

● 축구장 골대에 매달리는 것은 왜 위험한 행동일까요?

● 사람에게 모래를 뿌리는 행동을 하지 말아야 하는 이유는 무엇일까요?

CHAPTER 14 컴벤져스 되기 - 1차 관문

안전 히어로 컴벤져스가 되려면 총 3차 관문까지 통과해야 해요!
여러분! 안전 히어로 컴벤져스가 될 준비 되었나요?

그럼 1차 관문 시작합니다!

01 컴퓨터 능력 평가

1 컴퓨터 구성 장치 중 무엇에 대한 설명일까요?

> 컴퓨터의 가장 중심이며, 사람의 머리처럼 기억하고, 다른 장치들에게 지시를 내려요!

정답 :

2 컴퓨터 구성 장치 중 무엇에 대한 설명일까요?

> 모니터 화면에서 보이는 것을 손으로 만질 수 있게 종이로 출력해줘요!

정답 :

3 다음 설명하는 마우스 동작은 무엇일까요?

> 왼쪽 단추를 누른 채 마우스를 옆으로 움직여서 이동할 수 있어요.

정답 :

4 다음 설명하는 기능키는 무엇일까요?

> 글자를 띄어 쓸 때 사용해요.

정답 :

5 웹툰 아이템을 여러 개 복사 하려면 어떻게 해야 할까요?

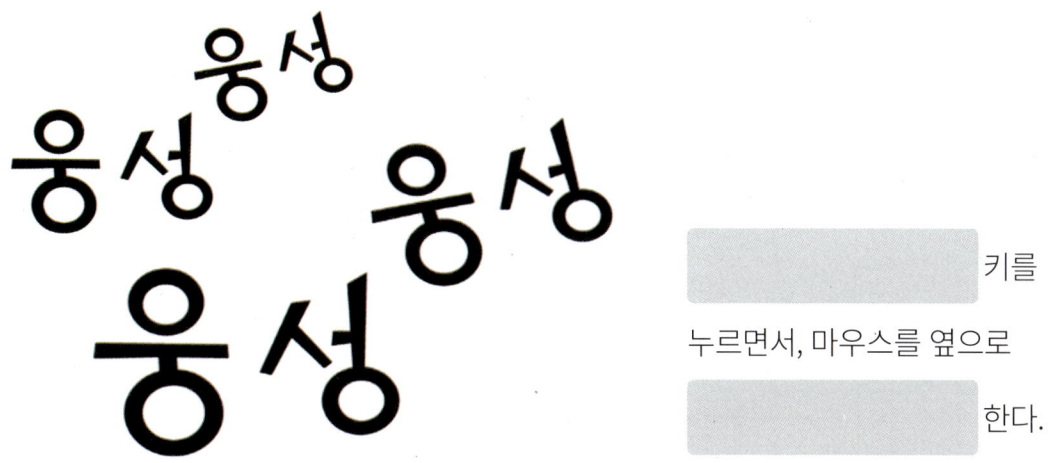

⬜⬜⬜ 키를 누르면서, 마우스를 옆으로 ⬜⬜⬜ 한다.

6 웹툰 아이템을 크게 키우려면 어떻게 해야 할까요?

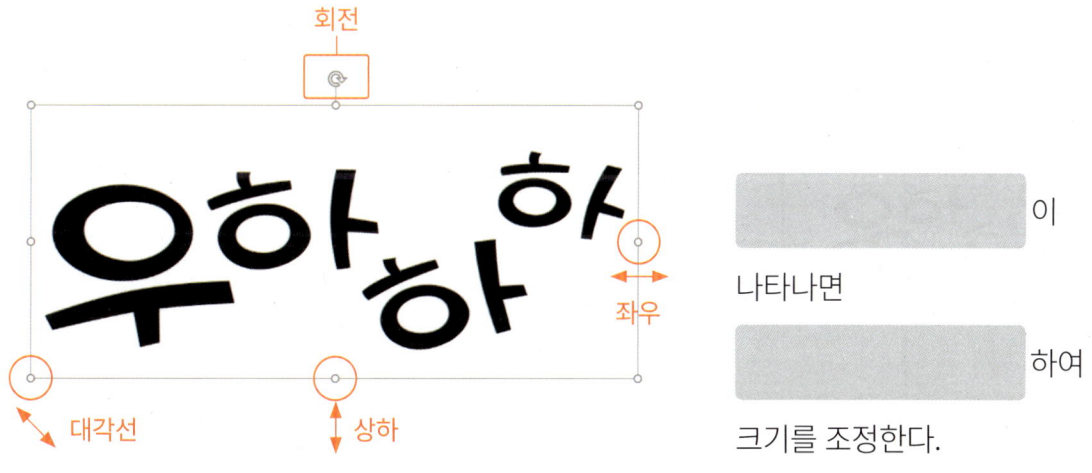

⬜⬜⬜ 이 나타나면 ⬜⬜⬜ 하여 크기를 조정한다.

7 파워포인트(또는 한쇼)에서 애니메이션 기능을 넣고, 실행을 하려면 키보드에서 어떤 키를 눌러야 할까요?

 키

02 키보드 능력 평가

1~13강까지 연습한 단어를 가지고 받아쓰기를 시작합니다. 여러분은 '키보드 연습' 파일을 열어주세요.

▶ 선생님께서 단어를 불러주면 다음 빈칸에 연필로 적고, '키보드 연습' 파일에 받아쓰기 내용을 입력합니다.

번호	받아쓰기
1	
2	
3	
4	
5	
6	
7	

03 안전 능력 평가

1 다음 중 복도에서 해야 할 행동 중 옳지 않은 행동은?

① 반 친구들과 컴퓨터실로 이동할 때 앞 뒤 친구들과 충분한 거리를 두고 걸어갔어요.
② 복도 바닥에 물이 떨어져 있기에 닦아 주었어요.
③ 계단으로 갈 때는 좌측으로 천천히 걸어가요.
④ 급하더라도 계단에서는 두 칸 세 칸씩 뛰어가면 안돼요.

2 다음 중 운동장에서 해야 할 행동 중 옳지 않은 행동은?

① 체육시간 몸이 좋지 않아 선생님께 말씀드리고 쉬었어요.
② 뜨거운 햇빛 아래서 놀이기구를 신나게 탔어요.
③ 운동하기 전에 친구들과 함께 준비운동을 했어요.
④ 축구경기를 하다 공이 담을 넘어, 얼른 가서 공을 가지고 왔어요.

3 다음 중 급식실에서 해야 할 행동 중 옳지 않은 행동은?

① 급식실로 가기 전에 손을 깨끗이 씻고 가요.
② 친구들과 놀고 싶어서 평소보다 빨리 먹었어요.
③ 알레르기가 있는 반찬인데 남기면 혼날까봐 다 먹었어요.
④ 식판에 뜨거운 국이 있어 조심조심 주변을 살피며 걸어 갔어요.

1차 관문 통과!

CHAPTER 15 학교 가는 길(1)

01 안전 교실 : 가방 안전 덮개로 우리의 안전을 보호해요.

등하굣길 안전에 대해 생각해보고, 안전 표지판을 완성해 보아요.

친구들은 가방 안전 덮개를 까먹지 않고, 올바르게 잘 사용하고 있나요?
나의 예쁘고,
멋진 가방이 가려지는 게 싫어서
안하고 다니는 친구는 있나요?

02 안전한 학교 생활 생각하기

 우리 등하굣길을 안전하게! 안전 가방 덮개의 의미가 무엇인지 생각하고 적어봅시다.

03 안전한 학교 생활 다짐하기

아래 문장을 소리내어 읽고 따라 써 보세요.

안	전	가	방	덮	개	를		씌	워		운	전	자
로	부	터		우	리	의		등	하	굣	길		안
전	을		보	호	한	다	.						

04 파워포인트(한쇼)와 친해지기

◆ 속도 제한 30 표지판 만들기

① [홈] 탭-[슬라이드] 그룹-[레이아웃]-[빈 화면]을 클릭합니다.

※ 한쇼 : [편집] 탭-[레이아웃]-[빈 화면]

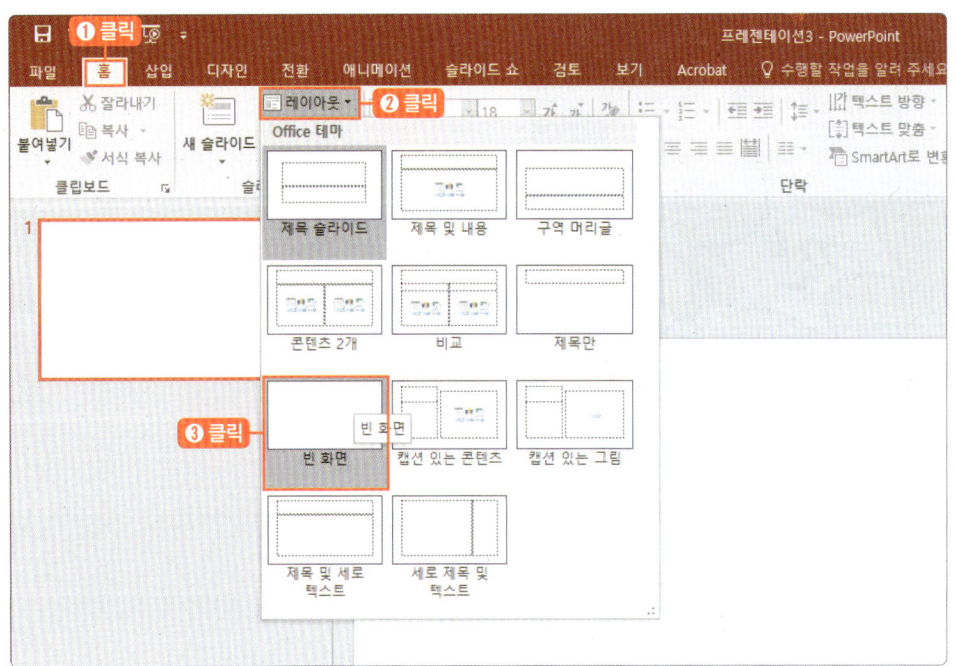

② [삽입] 탭-[일러스트레이션] 그룹-[도형]-[기본 도형-도넛(◎)]을 클릭합니다.

※ 한쇼 : [입력] 탭-[도형] 이미지 꾸러미의 [자세히(↓)] 단추 클릭-[기본 도형 -도넛(◎)]

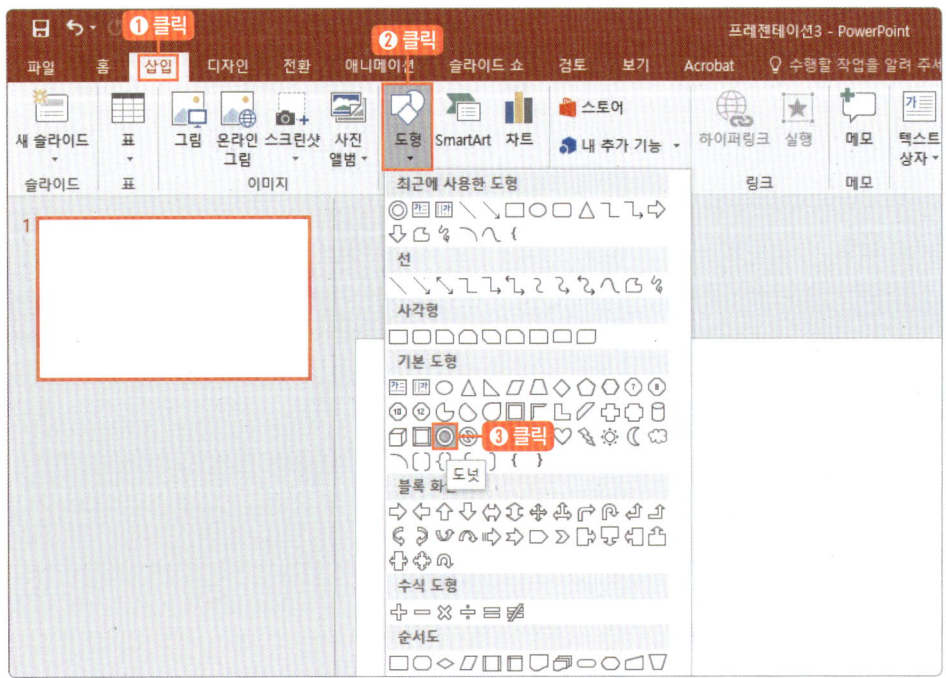

③ 슬라이드에 적당한 크기로 마우스를 드래그하여 삽입한 후 노란색 조절점( )을 드래그하여 크기를 조절합니다.

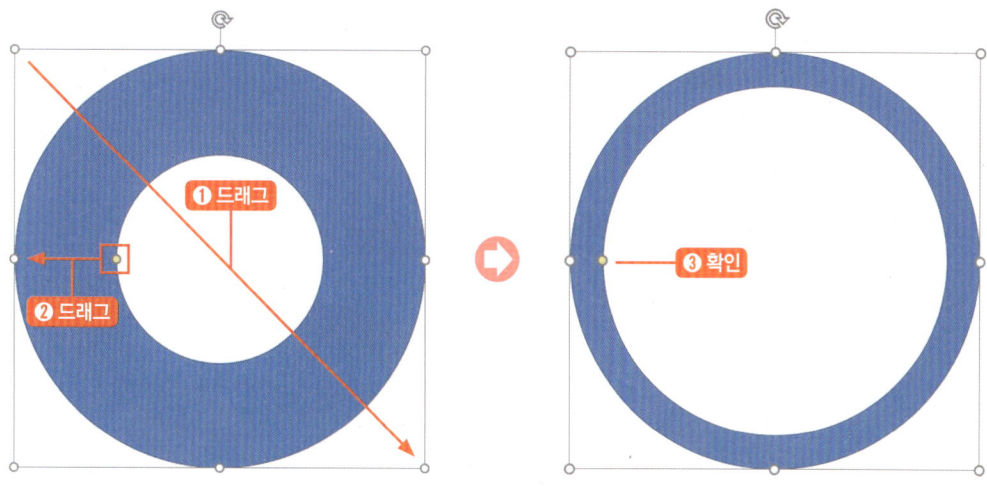

④ 도형을 더블 클릭합니다. [그리기 도구]-[서식] 탭-[도형 스타일] 그룹-[도형 채우기]-[빨강]을 클릭합니다.

※한쇼 : [도형] 탭-[채우기 색( )]의 목록 단추( ) 클릭-[빨강]

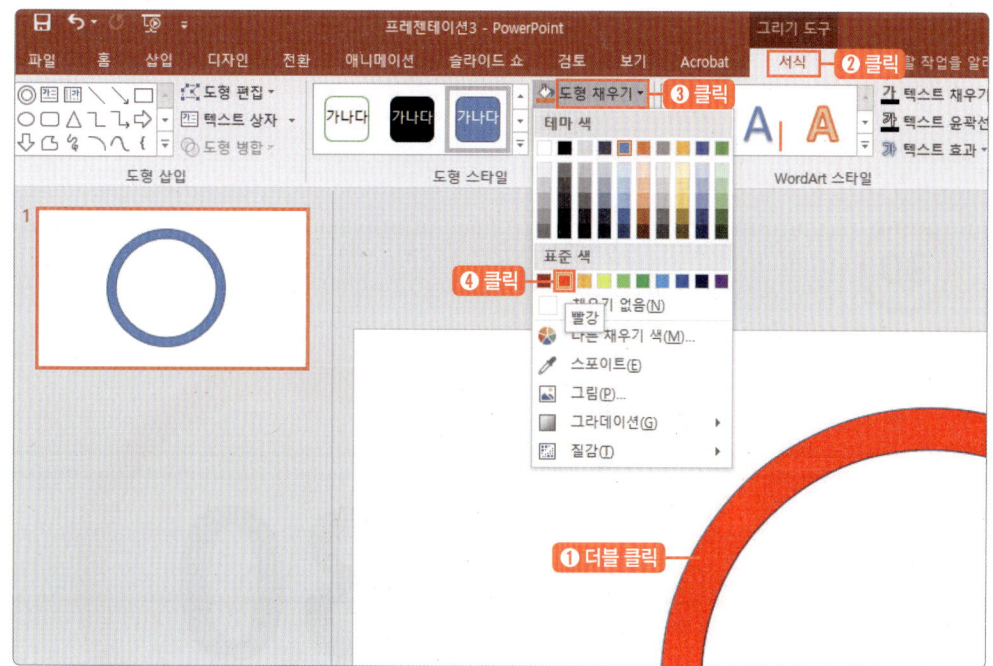

CHAPTER 15 - 학교 가는 길(1) | **069**

⑤ [그리기 도구]-[서식] 탭-[도형 스타일] 그룹-[도형 윤곽선]-[윤곽선 없음]을 클릭합니다.

※ 한쇼 : [도형] 탭-[선 스타일]-[선 종류]-[선 없음]

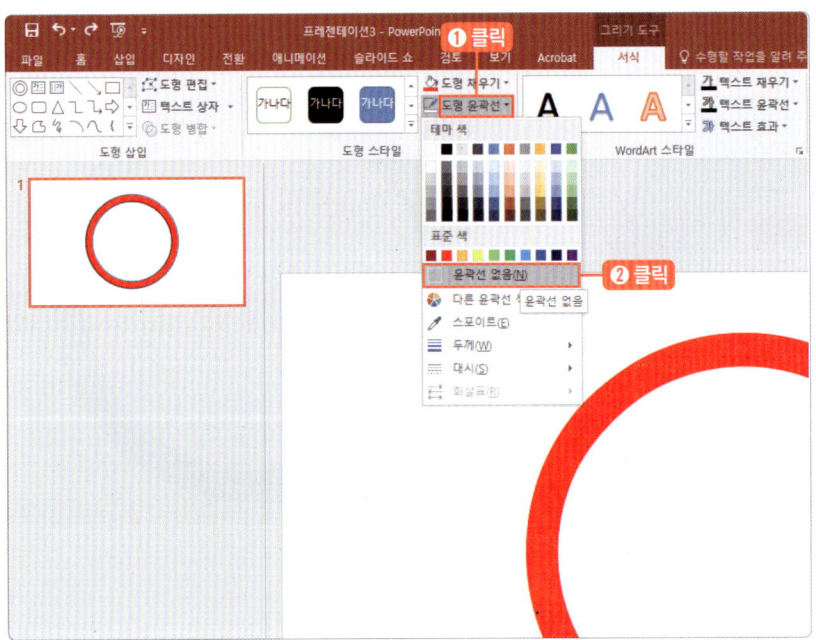

⑥ [홈] 탭-[글꼴] 그룹에서 '글자 크기'-'200', '굵게(가)'를 지정하고 '30'을 입력하여 속도 제한 30 표지판을 완성합니다.

※ 한쇼 : 서식 도구 상자에서 글자 크기'-'200', '진하게(가)', '글자 색-검정'을 지정하고 '30' 입력

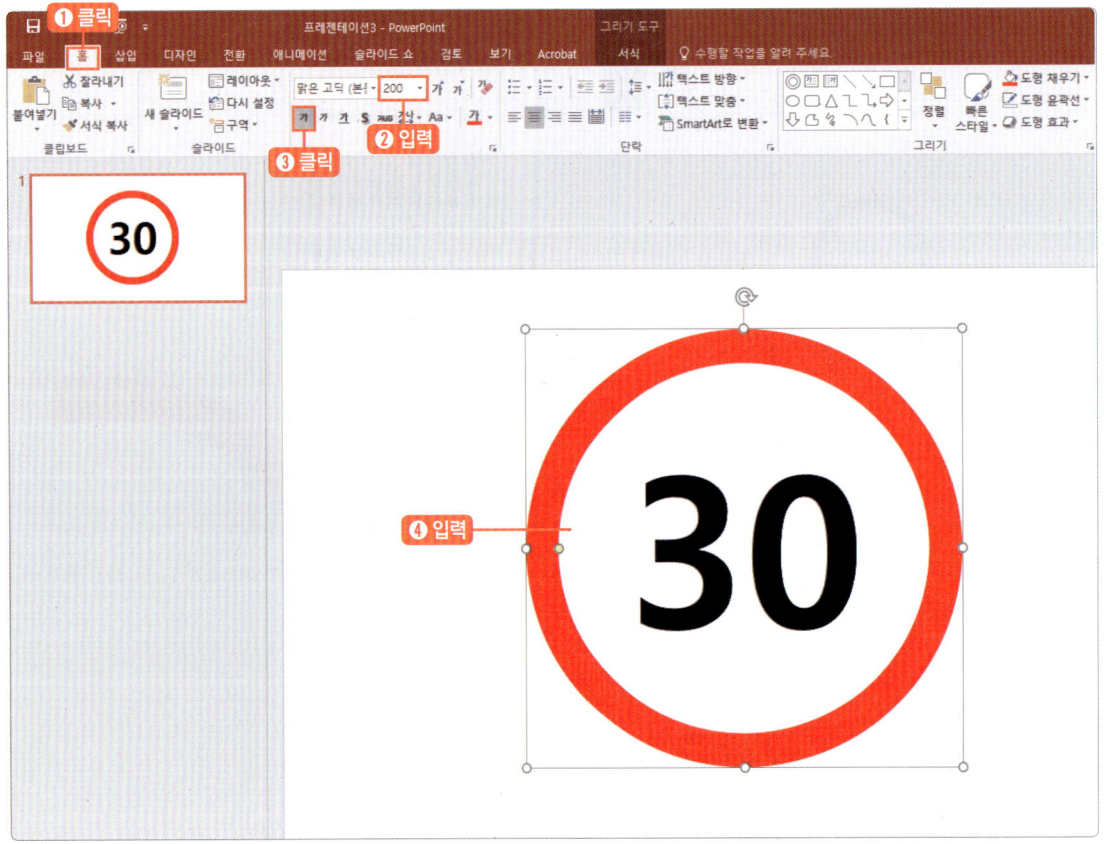

실력이 쑥쑥~~ 안전 표지판을 만들어 보세요!

1 안전표지판의 뜻을 적어보고, 파워포인트(또는 한쇼)로 안전 표지판 작품을 만들어 봅니다.

 **완성된 파일** : 15강-완성

이 안전표지판은

　　　　　를 의미합니다.

◆ 이런 방법으로 그렸어요~~

- 파워포인트를 이용하는 방법 : '"없음" 기호' 도형 그리기 → 도형 채우기 : 빨강, 선 없음 → '위쪽 화살표' 도형 그리기 → 도형 채우기 : 검정, 선 없음

- 한쇼를 이용하는 방법 : '"없음" 기호' 도형 그리기 → 채우기 색 : 빨강, 선 없음 → '위쪽 화살표' 도형 그리기 → 채우기 색 : 검정, 선 없음

이 안전표지판은

　　　　　를 의미합니다.

◆ 이런 방법으로 그렸어요~~

- 파워포인트를 이용하는 방법 : '팔각형' 도형 그리기 → 도형 채우기 : 빨강, 선 없음 → '글자 크기'-'100'

- 한쇼를 이용하는 방법 : '팔각형' 도형 그리기 → 채우기 색 : 빨강, 선 없음 → '글자 크기'-'100'

CHAPTER 16 학교 가는 길 (2)

01 안전 교실 : 걸어 다니며 폰을 사용하지 않아요.

등하교 안전에 대해 생각해보고, 웹툰을 완성해 보아요.

 미혜 : 이 사진 너무 웃기지? 콧구멍이 너무 크게 나왔어~ 크크크

 향미 : 야~ 왜 확대해서 보냐~~ 창피하잖아

횡단보도 맞은편..

 수미 : 파란불이야~ 빨리와~~~~

 정미 : 으하하~ 우리가 먼저 도착했지롱~~~

미혜는 폰을 보며..

향미는 주위를 살피며 빨간불이 되기 전에 도착했어요..

신호등이 빨간불로 바뀌었는지 모르고 계속 걸어가며

폰에 빠져있던 미혜는.. 그 순간!

쌩 지나가던 트럭이 빵!!!!!!!!

02 안전한 학교 생활 생각하기

아무리 재미있어도 핸드폰은 앉아 있거나, 혹은 건물 안에서만 사용하기로 해요!
걸어 다니면서 사용할 경우, 주변의 위험요소들을 확인하지 못하기 때문에 큰 사고로 이어질 수 있어요!

 횡단보도에서 해야 할 안전한 행동에 대해 적어봅시다.

03 안전한 학교 생활 다짐하기

1. 아래 문장을 소리내어 읽고 따라 써 보세요.

걸	어		다	니	면	서		폰	을		사	용	하
걸	어		다	니	면	서		폰	을		사	용	하
지		않	는	다	.								
지		않	는	다	.								

2. '키보드 연습' 파일을 열어, 안전한 학교 생활 다짐을 입력해 봅니다.

04 파워포인트(한쇼)와 친해지기

◆ 다음 웹툰에 아이템을 넣어, 완성도를 높여 주세요!

 불러올 파일 : 16강-예제   **완성된 파일 :** 16강-완성

① [삽입] 탭-[텍스트] 그룹-[WordArt]-[그라데이션 채우기 – 황금색, 강조 4, 윤곽선– 강조 4(A)] 을 클릭합니다.

※ 한쇼 : [입력] 탭-[워드숍]-[스타일 3(가)]

② 내용(콧구멍 봐~)을 입력합니다. [홈] 탭-[글꼴] 그룹에서 글꼴 색(가 ▾)의 목록 단추를 눌러 '노랑'을 지정하고 회전 조절점(↻)을 드래그하여 회전합니다.

※ 한쇼 : [워드숍 만들기] 대화상자에서 내용 입력 → 채우기 색(🎨 ▾)의 목록 단추를 눌러 '노랑' 지정 → 회전 조절점(🟢)을 드래그하여 회전

③ [그리기 도구]-[서식] 탭-[WordArt 스타일] 그룹-[텍스트 효과]에서 네온 효과, 반사, 그림자 효과 등을 이용하여 멋지게 웹툰 아이템을 꾸며 봅니다.

※ 한쇼 : [워드숍] 탭에서 그림자, 반사, 네온 이용

★ 웹툰 완성 화면 ★

▲ 1번 슬라이드

▲ 2번 슬라이드

▲ 3번 슬라이드

▲ 4번 슬라이드

실력이 쑥쑥~~ 신호등을 만들어 보세요!

1 새 슬라이드를 추가하여 신호등을 넣어 보세요.

 불러올 파일 : 16강-쑥쑥예제   **완성된 파일 :** 16강-쑥쑥완성

① 2번 슬라이드를 클릭합니다. 마우스 오른쪽 버튼을 눌러 [새 슬라이드]를 클릭합니다.

② [삽입] 탭-[일러스트레이션] 그룹-[도형]과 [그리기 도구]-[서식] 탭-[도형 스타일]-[도형 채우기]를 이용하여 다음과 같이 신호등 모양을 완성합니다.

※ 한쇼 : [입력] 탭-[도형] 이미지 꾸러미의 [자세히(▼)] 단추, [도형] 탭-[채우기 색(🎨▼)]의 목록 단추(▼) 클릭

③ 네온 효과로 녹색불이 켜짐을 알리기 위해 녹색 타원 도형을 선택합니다. [서식] 탭-[도형 스타일] 그룹-[도형 효과]-[네온]-[네온 18pt, 네온, 강조색 6(🟢)]을 클릭합니다.

※ 한쇼 : [도형] 탭-[도형 효과]-[네온]-[강조 색 4, 15 pt(🟠)]

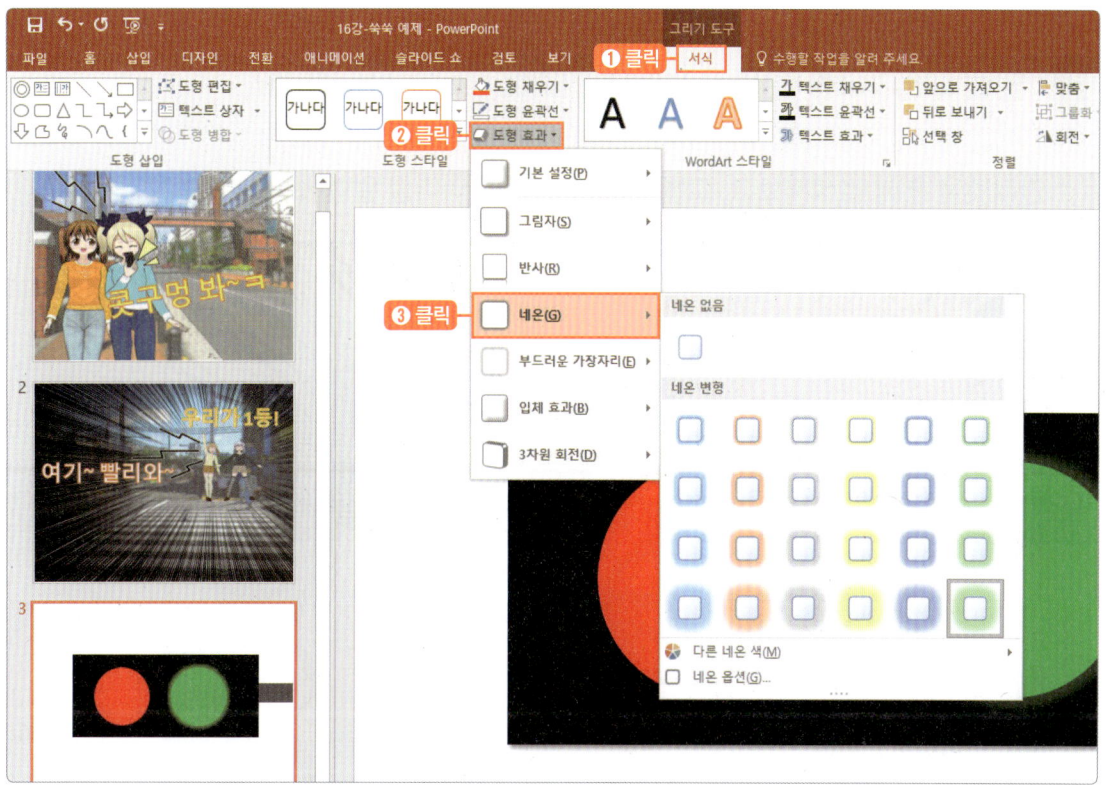

★ 신호등 완성 화면 ★

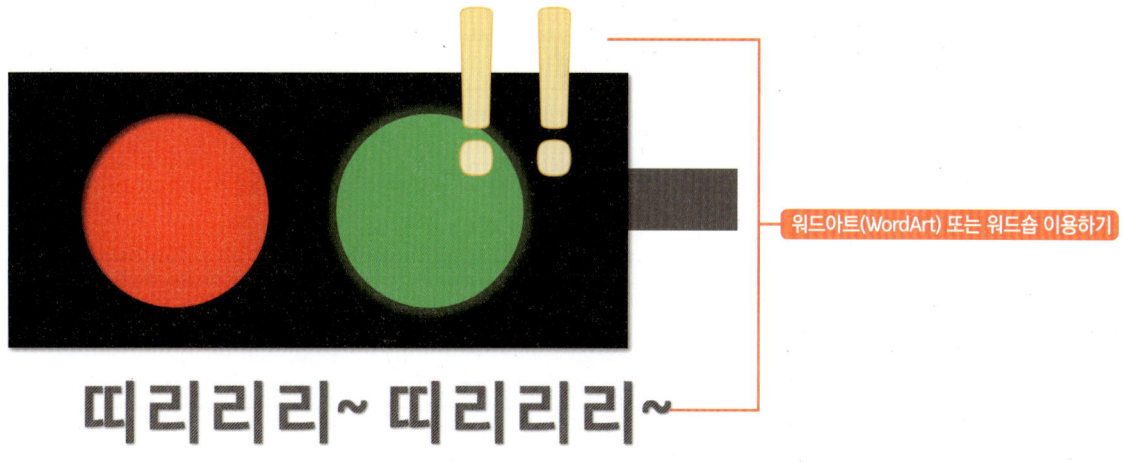

워드아트(WordArt) 또는 워드숍 이용하기

CHAPTER 16 - 학교 가는 길(2) | 077

도로 규칙을 지켜요!

01 안전 교실 : 교통 안전 표지판의 의미에 대해 알아 보아요.

인터넷을 통해 검색해보고, 교통 안전 표지판의 의미를 알아 보아요.

여러분 학교 앞을 지나가다 혹시 이런 표지판 본 적 있나요?

스쿨존이란 유치원, 초등학교, 학원 주변 반경 300m이내까지 어린이 보호구역으로 지정된 장소를 말합니다.

이 외에 집으로 가는 길에도 안전표지판을 본 적 있나요?

02 안전한 학교 생활 생각하기

우리의 안전을 지켜주는 교통 안전 표지판! 어떤 것들이 있을까요?
인터넷을 실행하여, '교통안전표지'를 검색해볼까요?

 생각해보기

❶ 교통안전표지를 검색하려면 어떤 순서로 입력해야 할까요?(연필로 따라 적어보세요.)

ㄱ	ㅛ	ㅌ	ㅗ	ㅇ	ㅇ	ㅏ	ㄴ	ㅈ	ㅓ	ㄴ	ㅍ	ㅛ	ㅈ
ㅣ													

❷ 주의 표지판, 규제 표지판, 지시 표지판에는 공통점이 있어요. 무엇일까요?

주의 표지판은 ☐ ☐ 색, 주의하세요.

지시 표지판은 ☐ ☐ 색, 허락해요.

금지 표지판은 ☐ ☐ 색, 금지예요.

❸ 지시표지에 해당되는 표지판은 무엇일까요?

03 안전한 학교 생활 다짐하기

１ 아래 문장을 소리내어 읽고 따라 써 보세요.

길	을		건	널		때	는		차	가		멈	춘
길	을		건	널		때	는		차	가		멈	춘
것	을		확	인	하	고		건	넌	다	.		
것	을		확	인	하	고		건	넌	다	.		

２ '키보드 연습' 파일을 열어, 안전한 학교 생활 다짐을 입력해 봅니다.

04 파워포인트(한쇼)와 친해지기

◆ 주의 표지판, 금지 표지판, 지시 표지판을 구분 지었어요.
그런데 조금 이상한 부분이 있지요?
마우스로 드래그하여 바르게 고쳐 보세요!

▶ 불러올 파일 : 17강-예제   ▶ 완성된 파일 : 17강-완성

쉬어가기

1. 다음 그림의 숫자를 순서대로 이어 보세요.

2. 다음 그림에서 숨은 그림을 찾아보세요.

CHAPTER 18 사이버 교통안전 알아보기

01 안전 교실 : 교통안전 표지판에 관련된 동영상을 시청해요.

교통안전에 대해 알아보아요.

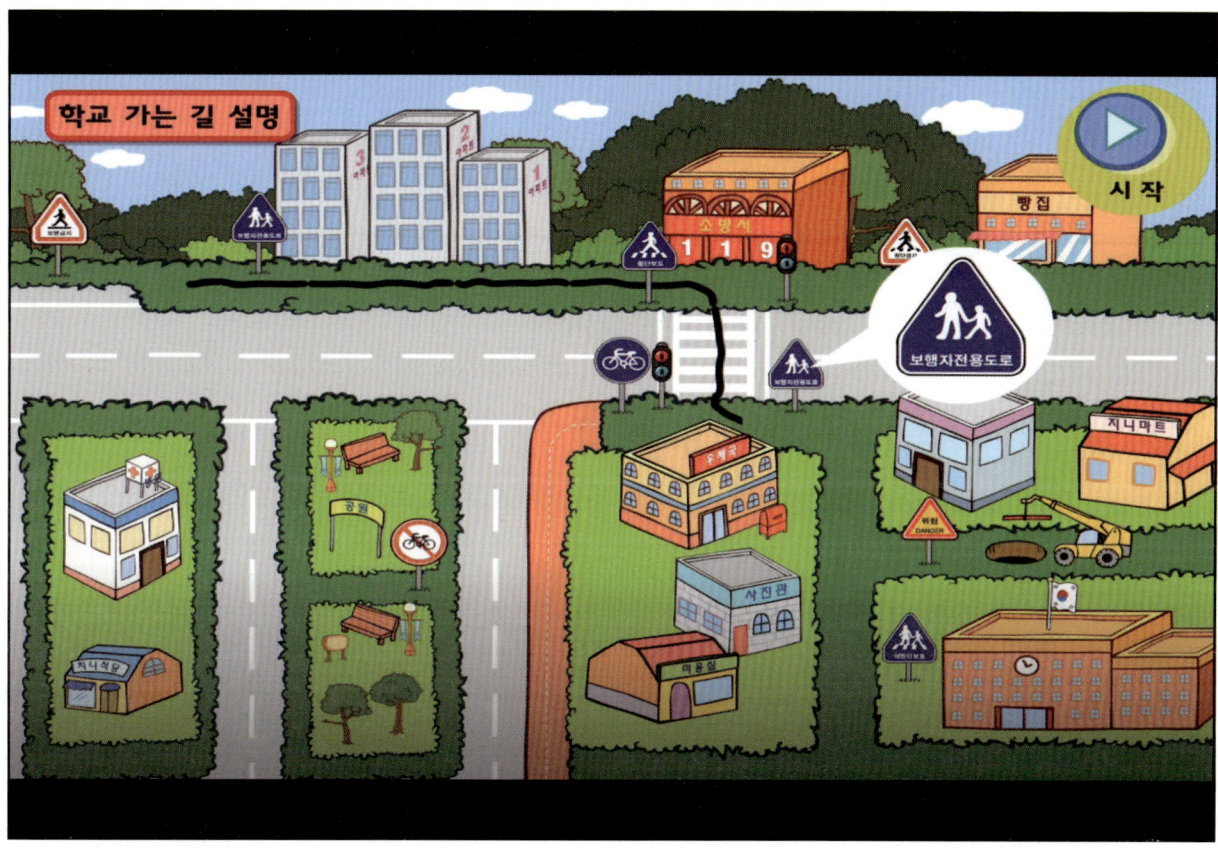

이번 시간은
교통안전에 관련된 여러 가지 동영상을 시청해 보도록 할 거예요.

02 안전한 학교 생활 생각하기

◆ 간단한 교통 안전에 대한 문제를 풀어보고, 사이버 교통학교 홈페이지에 접속합니다.

1 간단한 교통안전 문제 풀어보기

① 신호등이 있는 횡단보도에서 신호등이 ☐☐색일 때는 길을 건너지 않는다.

② 길을 걸어 갈 때는 ☐☐로 걷지 말고, 보도로 건넌다.

③ 횡단보도를 안전하게 건너는 5원칙은?

ㄱ. 선다 – 본다 – 손을 든다 – 확인한다 – 건넌다

ㄴ. 본다 – 손을 든다 – 선다 – 확인한다 – 건넌다

ㄷ. 본다 – 확인한다 – 선다 – 손을 든다 – 건넌다

ㄹ. 선다 – 손을 든다 – 확인한다 – 본다 – 건넌다

2 교통안전에 관련된 여러 가지 동영상 시청하기

① 인터넷을 실행하여 '쥬니어네이버'에 접속합니다.

② 쥬니어네이버 사이트에 접속되면 '교통안전표지판'을 검색하여 아래와 같이 동영상을 선택합니다.

③ '학교 가는 길' 동영상을 시청해봅니다.

④ '쥬니어네이버'에서 '교통안전'을 검색한 후 원하는 동영상을 시청해보세요.

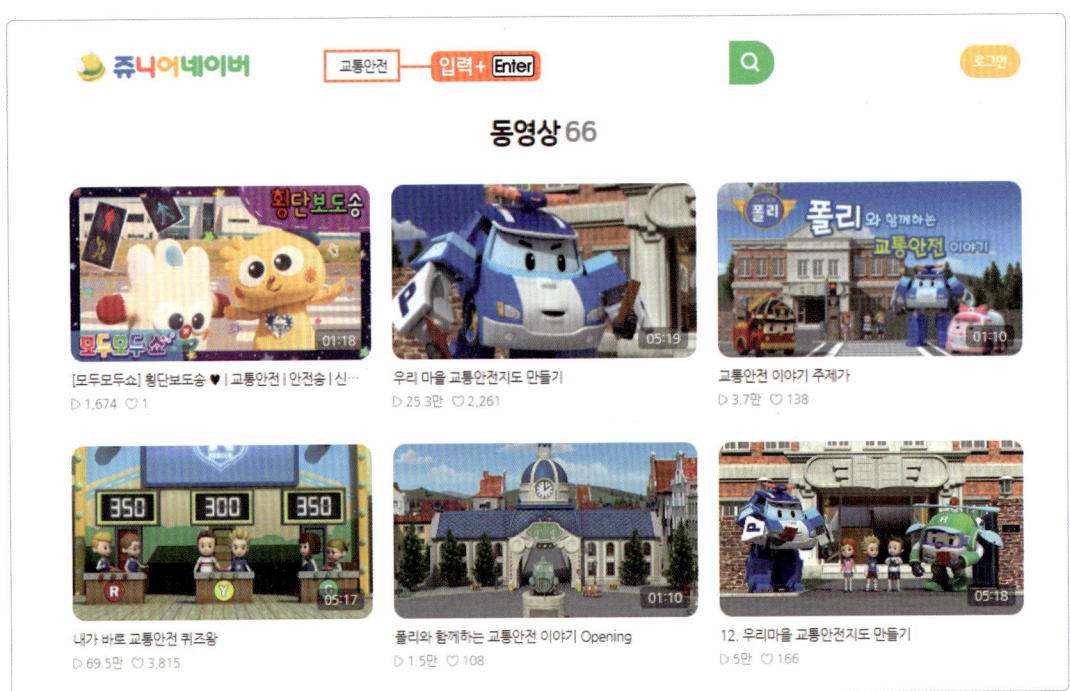

생각해보기 내가 시청한 동영상의 이름과 간단한 내용을 적어본 후 발표해보세요.

생각이 쑥쑥~~ 보행안전 수칙을 체크해보세요.

1 어린이 보행안전 체크지입니다. 보행안전 수칙을 얼마나 잘 지키고 있는지 체크해보세요.

- 항상 인도로 걷습니다. 인도가 없을 때에는 자동차가 가는 반대 방향으로 걷습니다. ☐
- 되도록 신호등이 있는 횡단보도를 이용하여 길을 건넙니다. ☐
- 길을 건너기 전에는 인도에 우선 멈춥니다. ☐
- 길을 건너기 전에 왼쪽, 오른쪽, 다시 왼쪽을 보며 차가 오는지를 살핍니다. ☐
- 절대 뛰지 말고 횡단보도 오른쪽에서 길을 건넙니다. ☐
- 길을 건널 때에는 운전자가 나를 볼 수 있도록 손을 들고, 계속 차를 봅니다. ☐
- 어둡거나 비가 올 때에는 밝은 색의 옷을 입습니다. ☐
- 차도, 주차장, 주유소, 공사장 근처에서 놀지 않습니다. ☐
- 교통 신호 및 교통안전 표지판의 내용을 잘 이해하고 지킵니다. ☐
- 횡단보도를 가장 적게 건너는 등하교 길을 이용하며, 항상 다니던 길로 다닙니다. ☐

CHAPTER 19 현장 체험 학습에서 생긴 일

01 안전 교실 : 선생님의 허락 없이 장소를 이탈하지 않아요.

체험 학습 안전에 대해 생각해보고, 웹툰을 완성해 보아요.

"박물관으로 현장 체험 학습 온 친구들은~ 박물관 건물안에서만 구경하고, 3시까지 입구로 모이세요."
선생님 말씀이 끝나고..

 선영 : 예쁘게 셀카 찍을려고 했는데~~ 망했어~~

 미경 : 우리 몰래 밖에 나가볼까?

미경이는 선영이, 기정이와 함께 박물관 밖을 나왔고..

 미경 : 우아! 찾았다! 저기서 사진 찍자~

 기정 : 의자에 앉아 찍자. 저기 울타리에 앉아 찍는 건 위험해

 선영 : 뭐 어때~ 넘어지기라도 하겠어? 여기가 딱 좋은데~

선영이는 더 멋지게 찍으려고 포즈를 취하며, 셀카에 빠져 있던 그 순간.. 손이 미끄러지며 그만 훅~ 물 속에 빠지고 말았어요.

02 안전한 학교 생활 생각하기

멋진 사진을 간직하는 것보다 주변의 위험요소들을 확인하고 안전한 장소에서 찍도록 해요! 또한 학교를 벗어나 단체 활동을 할 때는 반드시 선생님 안내에 따르고, 개인 행동을 하면 안돼요!

 현장 체험학습에서 해야 할 안전한 행동에 대해 적어봅시다.

03 안전한 학교 생활 다짐하기

1 아래 문장을 소리내어 읽고 따라 써 보세요.

선	생	님	의		허	락		없	이		개	인
선	생	님	의		허	락		없	이		개	인
행	동	을		하	지		않	는	다	.		
행	동	을		하	지		않	는	다	.		

2 '키보드 연습' 파일을 열어, 안전한 학교 생활 다짐을 입력해 봅니다.

04 컴퓨터와 친해지기

◆ 친구들은 체험학습이나 여행을 다녀온 곳 중 어느 장소가 가장 기억에 남았나요? 기억에 남았던 장소를 사진으로 저장하여 바탕화면 배경으로 넣어 볼까요?

생각해보기 기억에 남는 장소와 이유를 적어봅시다.

① 인터넷을 실행합니다.

② 여행을 다녀온 곳에서 기억에 남는 장소를 입력하여 검색합니다. 검색 결과에서 [이미지]를 클릭합니다.

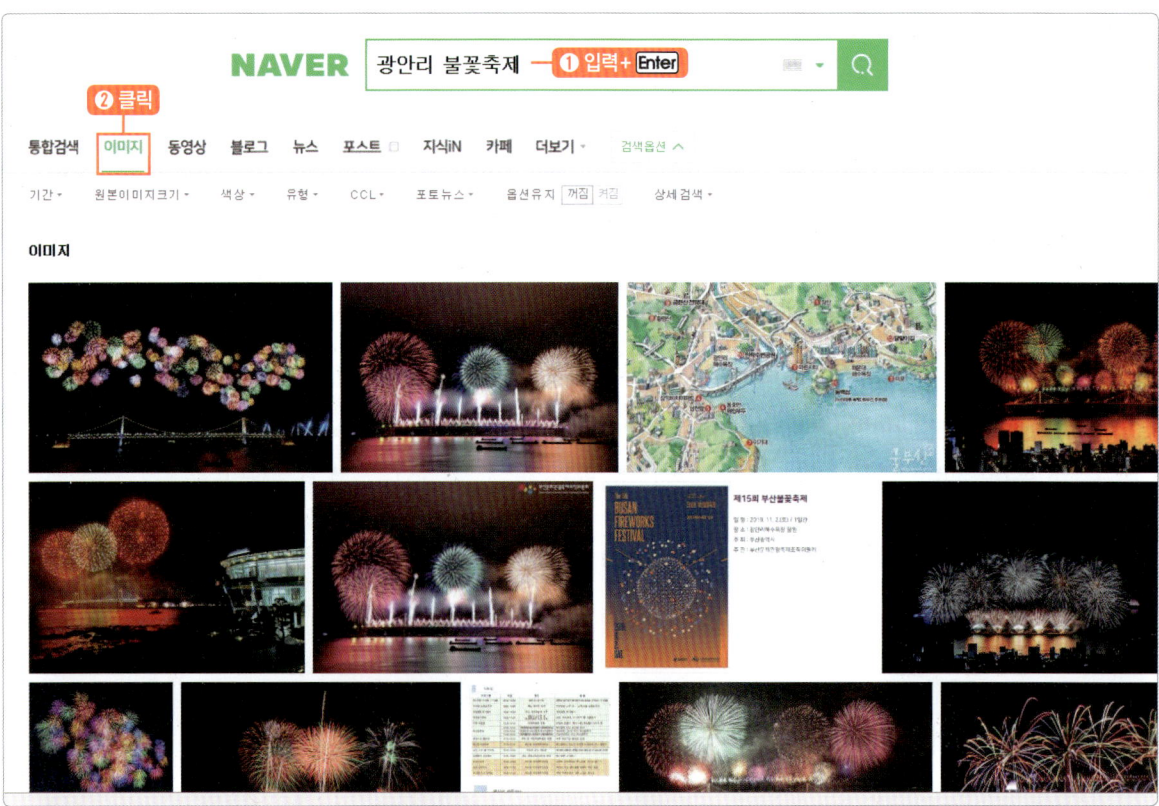

③ 마음에 드는 사진을 클릭합니다. 이미지가 확대되면 마우스 오른쪽 버튼을 눌러 [배경으로 설정]을 클릭하면 멋진 배경 화면으로 변경됩니다.

❶ 우리 고장의 명소를 적어봅시다.

❷ 인터넷을 이용하여 우리 고장 명소를 검색하여 배경화면으로 설정해 보세요!

CHAPTER 20 컴벤져스 되기 - 2차 관문

안전 히어로 컴벤져스가 되려면 총 3차 관문까지 통과해야 해요!
컴벤져스 1차 관문과 교통학교의 수료증도 받았지요?

그럼 2차 관문 시작합니다!

01 컴퓨터 능력 평가

특수키 송을 외우고 있나요? 다음은 특수키 송 가사의 일부입니다. _____ 에 들어갈 말을 적으세요.

ESC(이에스씨)는 _____

_____ 키는 여덟칸 띄기

_____ 은 _____

_____ 는 공간 띄기

_____ _____ _____ 조합키

한글-영어 전환은 <한/영>키로

한자키는 한글을 한자로

_____ 키는 명령실행

문자 삭제 _____ 와

_____ 있구요

_____ 눌러 삽입-수정

NumLock(넘락)키는 숫자-방향키

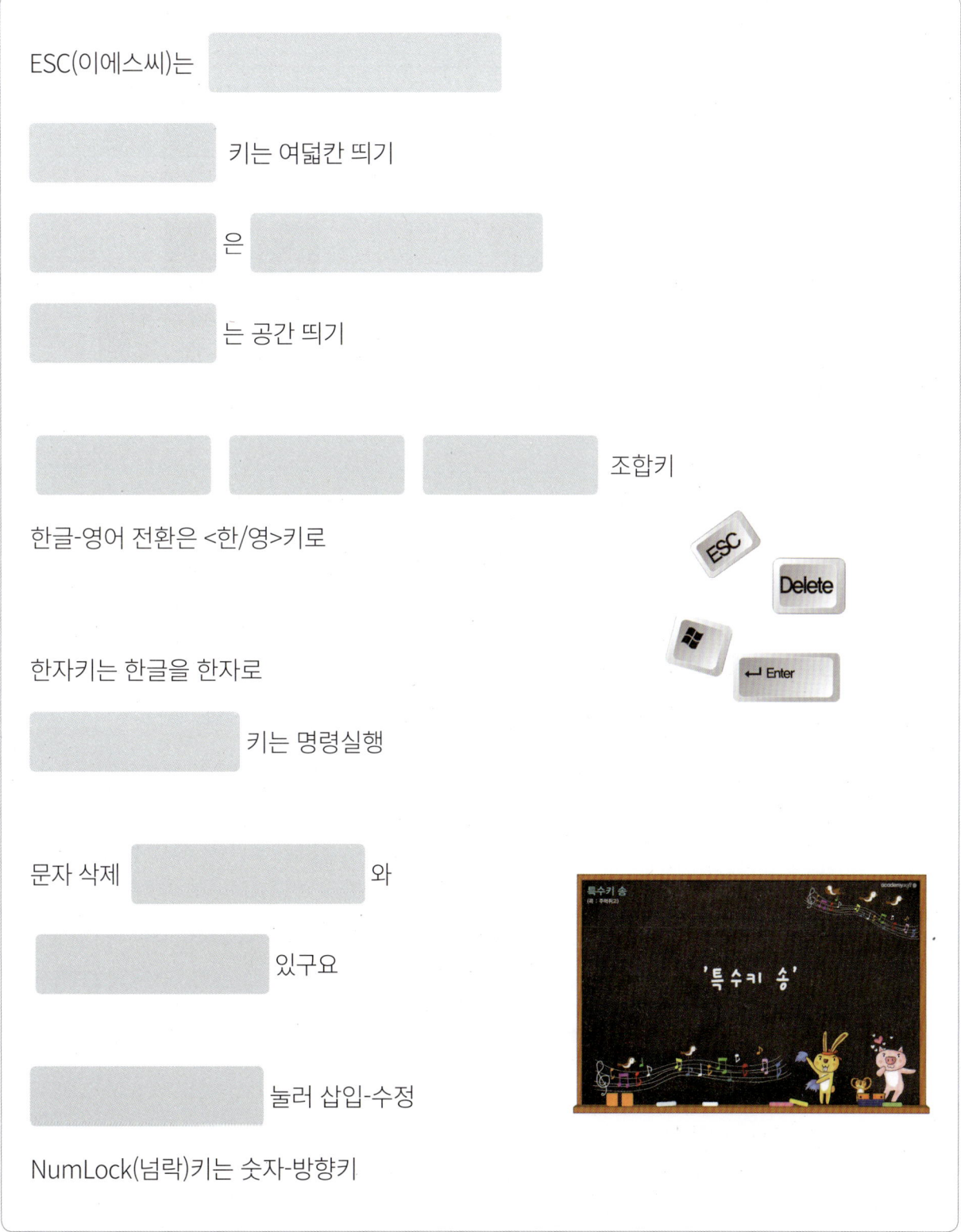

02 키보드 능력 평가

15~19강까지 배운 안전 다짐을 가지고 받아쓰기를 시작합니다. 여러분은 '키보드 연습' 파일을 열어 주세요.

▶ 선생님께서 문장을 불러주면 다음 빈칸에 연필로 적고, '키보드 연습' 파일에 문장을 입력합니다.

번호	받아쓰기
1	
2	
3	
4	
5	

03 안전 능력 평가

1 다음 중 교실에서 해야 할 행동 중 옳은 행동은?

① 쉬는 시간에 심심해서 교실에서 술래잡기를 했어요.
② 친구가 가위를 빌려 달라해서 던져 줬어요.
③ 문을 닫을 때 옆에 친구가 있는지 확인하고 닫았어요.
④ 화장실이 가고 싶어 선생님께 말씀드리지 않고 나갔어요.

2 다음 중 현장 학습에서 해야 할 행동 중 옳지 않은 행동은?

① 쓰레기통이 보이지 않아 가져온 봉투에 담아 집으로 가져갔어요.
② 줄을 서서 이동할 때 친구가 빨리 가지 않아, 앞질러 갔어요.
③ 선생님 말씀에 귀 기울여 듣고, 행동했어요.
④ 다른 곳이 재미있어 보여서, 선생님 몰래 가보았어요.

3 다음 중 등하굣길에서 해야 할 행동 중 옳은 행동은?

① 추워서 주머니에 손을 넣고 걸어갔어요.
② 보행자 도로에 더러운 것이 떨어져 있어서 차도로 걸어갔어요.
③ 유튜브가 너무 재미있어서 보면서 걸어갔어요.
④ 비 오는 날 투명 우산을 쓰고 걸어갔어요.

4 다음 _____ 에 들어갈 말은?

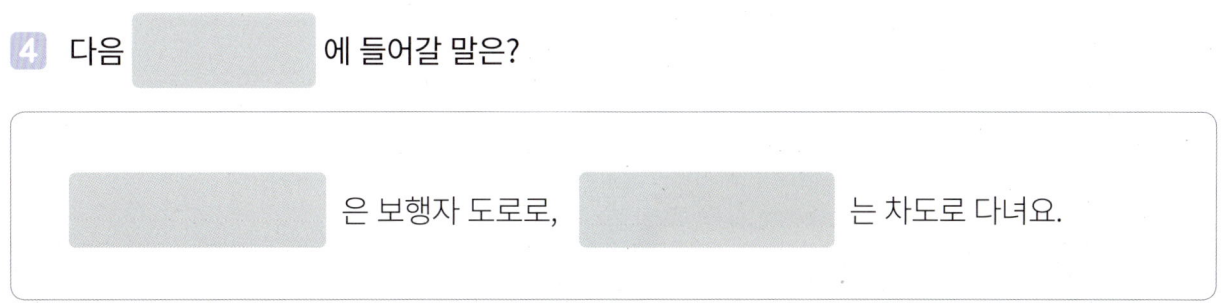

_____ 은 보행자 도로로, _____ 는 차도로 다녀요.

5 비가 오는 날 가장 안전한 색깔의 옷은 무엇일까?

① 검은색　　② 노란색　　③ 빨간색　　④ 녹색

6 표지판 그림과 뜻을 바르게 연결해 보세요.

①    ㉠ 보행자는 횡단보도로 길을 건너요.

②    ㉡ 자동차가 다니면 안 되는 길이에요.

③    ㉢ 공사 중이니 주의하세요.

7 자동차를 타고나서 바로 해야 될 행동은 무엇일까요?

2차 관문 통과!

CHAPTER 21 길을 잃었어요!

01 안전 교실 : 길을 잃었을 땐, 멈춰서서 도움을 요청해요.

안전한 생활에 대해 생각해보고, 우리 집 또는 학교 주변을 지도로 찾아 보아요.

룰루랄라~ 은선이는 엄마와 이모 집에 놀러 가는 길 이예요.
그런데.. 귀여운 고양이 한 마리가 저~~~기 보이네요!
'엄마는 고양이 싫어하시니까.. 몰래 잠깐 가서 만지고 와야지~'
라고 생각한 은선이는 고양이와 한참 놀던 그때! 엄마가 보이지 않는 걸 깨닫고.. 엄마와 걸어갔던 길을 생각해보며 앞으로 쭉 걸어갔어요..

여러분이라면 길을 잃어버렸을 때 어떻게 해야 할까요?

02 안전한 학교 생활 생각하기

길을 잃었을 때는 무조건 앞으로 걷지 말고, 멈춰 서서 주변 사람들에게 도움을 요청해야 해요!
도움을 요청할 때는 아이를 데리고 있는 어른에게 부탁하는게 보다 안전 하겠지요?
당황하지 않고, 평소에 외워 둔 집주소나 전화번호를 말하면 찾아 줄 거예요!

 집 주소와 전화번호를 적어봅시다.

03 안전한 학교 생활 다짐하기

1. 아래 문장을 소리내어 읽고 따라 써 보세요.

길	을		잃	었	을		때		앞	으	로		걷
길	을		잃	었	을		때		앞	으	로		걷
지		말	고		도	움	을		청	해	요	.	
지		말	고		도	움	을		청	해	요	.	

2. '키보드 연습' 파일을 열어, 안전한 학교 생활 다짐을 입력해 봅니다.

04 컴퓨터와 친해지기

◆ 인터넷으로 우리 집 주변과 우리학교 주변을 지도로 찾아 볼까요?

① 인터넷을 실행합니다.

② 우리 집 주변의 장소를 입력하여 검색합니다. [더보기]-[지도]를 클릭합니다.

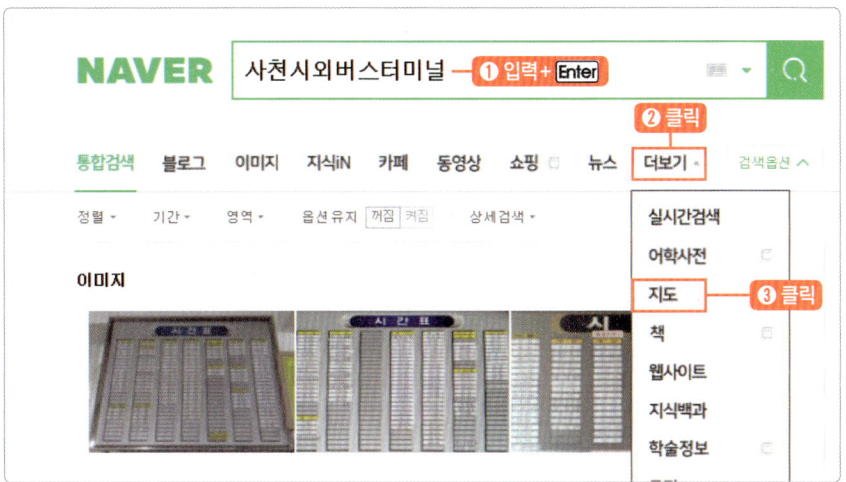

③ 우리 집 주변의 장소를 지도를 통해 알아 봅니다.

CHAPTER 21 - 길을 잃었어요!

④ [거리뷰]를 클릭하여, 우리 학교 주변도 알아봅니다.

 생각해보기

❶ 우리 집 주변에는 무엇이 있는지 적어봅시다.

❷ 우리 학교 주변에는 무엇이 있는지 적어봅시다.

실력이 쑥쑥~~

1. 마우스 드래그 기능을 이용하여, 노란색 바탕에 있는 아이템을 지도 그림으로 옮겨 마을을 꾸며 보세요.

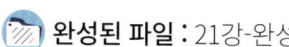 불러올 파일 : 21강-예제   완성된 파일 : 21강-완성

2. 네이버 지도에서 우리 학교를 검색하여, 지도를 저장해 봅니다.

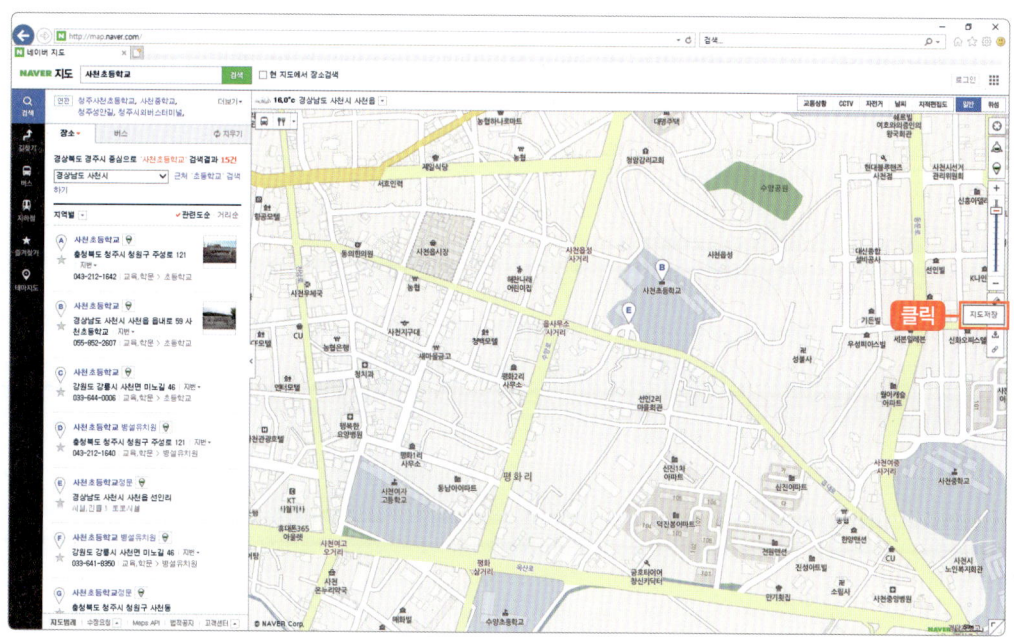

CHAPTER 21 - 길을 잃었어요! 101

CHAPTER 22 무관심도 폭력이예요!

01 안전 교실 : 친구에게 관심을 갖고, 손을 내밀어 주세요.

학교 폭력에 대해 생각해보고, 소중한 친구와 괴롭힘 멈춰 폴더를 만들어 보아요.

▲ 장면 1

▲ 장면 2

위 그림에 대해 생각해볼까요?

장면1은 친구가 괴롭힘을 당하고 있지만, 옆의 친구는 자기도 피해를 당할까봐 그냥 보고만 있어요..
장면2는 어떤가요?
친구가 슬픈 일이 있는지 책상에 엎드려 울고 있지만.. 아무도 그 친구에게 무슨 일이 있었는지 물어봐 주질 않네요..
여러분은 친구들에게 어떤 모습인가요?
혹시 위 그림처럼 행동하진 않겠지요?

02 안전한 학교 생활 생각하기

여러분이 괴롭힘을 당할 경우, 얼마나 괴로울지 생각해 보고, 다른 친구들이 괴롭힘을 당했을 때 선생님이나 부모님께 알려 도움을 청해야 해요! 나까지 괴롭힘을 당할까 봐 두려워서 친구를 돕지 않는다면, 그 친구는 학교 폭력에서 벗어날 수 없게 되요.
괴롭힘을 보고만 있는 행동 또한 공범이라는 것 잊지 마세요!

생각해보기 학교 폭력을 당할 때 어떻게 해야 될까요?

① 친구가 때리거나 상처를 입힌 경우에만 학교 폭력에 해당되요.

② 학교에서 따돌림을 당하는 친구를 그냥 보고만 있었어요.

③ 친구가 힘들어해서 고민을 들어주었어요.

④ 폭력 당한 일을 선생님께 말씀드리고 싶었지만 꾹 참았어요.

03 안전한 학교 생활 다짐하기

1 아래 문장을 소리내어 읽고 따라 써 보세요.

괴	롭	힘	이		있	을		때	는		어	른	들
괴	롭	힘	이		있	을		때	는		어	른	들
께		알	려		도	움	을		청	해	요	.	
께		알	려		도	움	을		청	해	요	.	

2 '키보드 연습' 파일을 열어, 안전한 학교 생활 다짐을 입력해 봅니다.

04 컴퓨터와 친해지기

1 파일과 폴더에 대해 알아볼까요?

파일은 컴퓨터로 작업해서 저장된 문서, 그림, 동영상 등을 말하고,

폴더는 그런 파일들을 알아보기 쉽게 모아둔 곳을 말합니다.

쉽게 말하자면 폴더는 필통에 속하고, 파일은 필통 속에 있는 연필, 지우개 등을 말합니다.

▲ 폴더　　　　　　　　　　　　▲ 파일

생각해보기 여러분 주위에서 파일과 폴더에 해당되는 물건들은 무엇이 있을까요?

2 새 폴더를 만들고 파일을 이동해 볼까요?

① 22강 폴더를 더블 클릭합니다.

② [Windows 탐색기] 창에서 [홈] 탭을 클릭하고 [새로 만들기] 그룹에서 [새 폴더]를 클릭합니다.

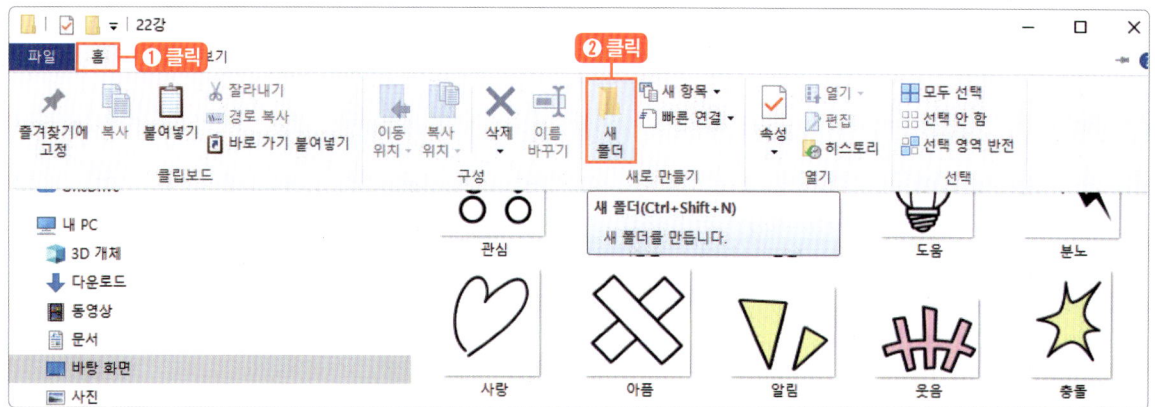

③ [새 폴더]가 만들어지면 '괴롭힘 멈춰'를 입력하고 엔터(**Enter**) 키를 누릅니다.

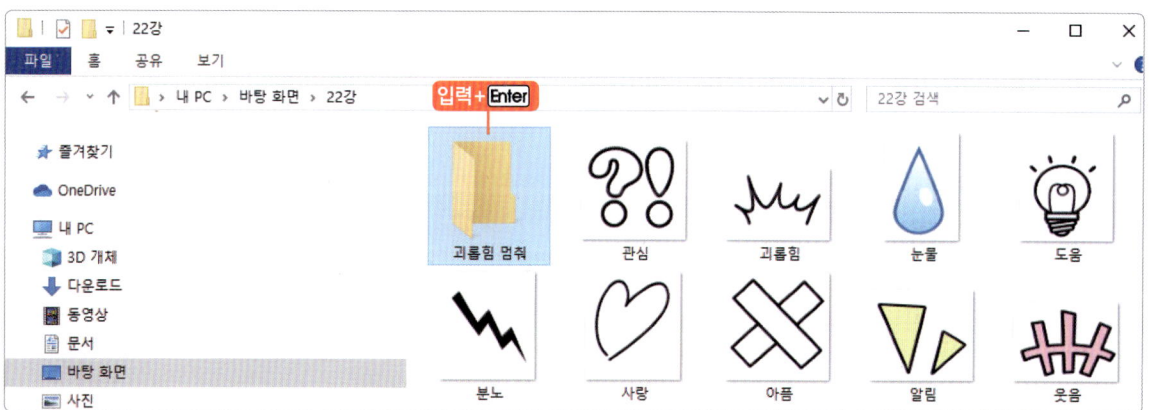

④ 앞에서 배운 방법으로 '소중한 친구' 이름으로 폴더를 만듭니다.

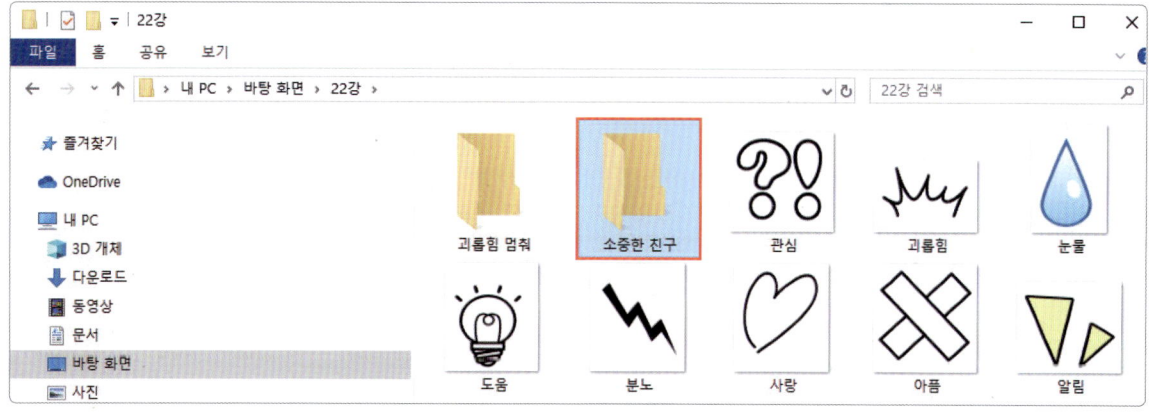

⑤ 키보드에서 컨트롤(Ctrl) 키를 누른 채 '관심', '도움', '사랑', '알림', '웃음' 파일을 클릭하고, [소중한 친구] 폴더로 드래그 합니다.

※ [소중한 친구] 폴더로 드래그 할 때는 누르고 있던 컨트롤(Ctrl) 키에서 손가락을 뗍니다.

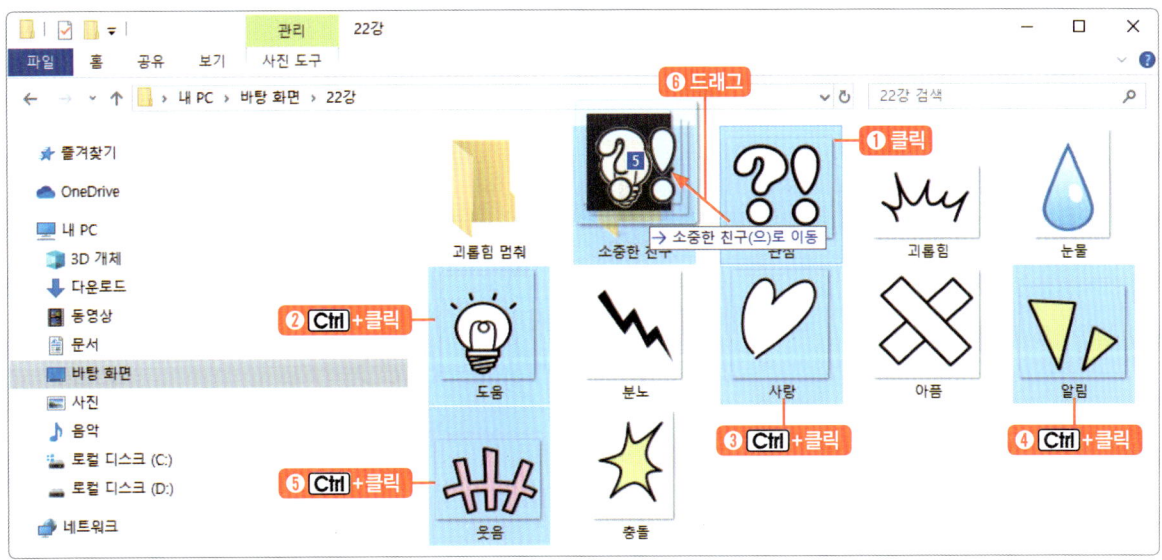

⑥ 위의 방법으로 같은 방법으로 '괴롭힘', '눈물', '분노', '아픔', '충돌' 파일을 [괴롭힘 멈춰] 폴더로 드래그 합니다.

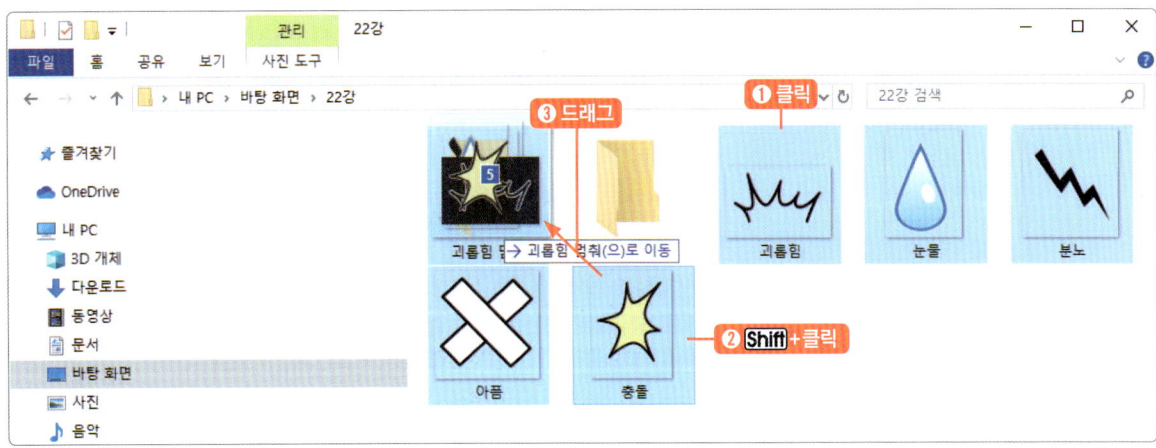

⑦ [소중한 친구] 폴더와 [괴롭힘 멈춰] 폴더를 각각 더블 클릭하여 이동된 파일들을 확인합니다.

실력이 쑥쑥~~ 도형을 이용하여 친구 이름을 그려봐요!

1️⃣ 소중한 내 친구의 이름을 도형으로 그려서 예쁘게 꾸며주세요.

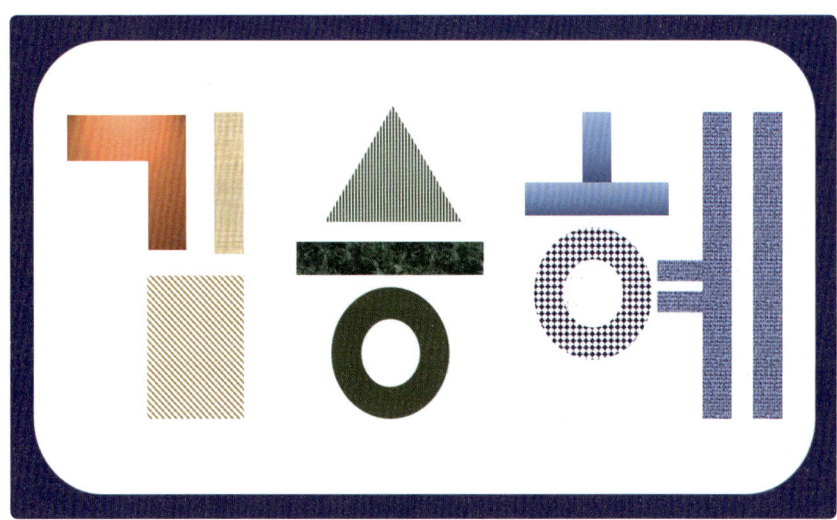

- **파워포인트를 이용하는 방법** : [삽입] 탭-[일러스트레이션] 그룹-[도형], [그리기 도구]-[서식] 탭-[도형 스타일] 그룹-[도형 채우기]-[그라데이션], [질감]

- **한쇼를 이용하는 방법** :

- 글자 디자인 한 내 친구 이름은?

- 친구를 택한 이유는?

※ 클립아트 혹은 그림 삽입으로 더 멋지게 글자 디자인을 해보세요!

CHAPTER 22 - 무관심도 폭력이예요! 107

CHAPTER 23 스마트폰 중독은 위험해!

01 안전 교실 : 스마트폰 사용 규칙을 정해 보아요.

자신의 스마트폰 사용 습관에 대해 생각해보고, 예방 방법에 대해 알아 보아요.

여러분은 컴퓨터 인터넷 또는 스마트폰을 하루에 얼마만큼 사용하고 있나요??

길을 지나갈 때,

혹은 친구와 놀 때,

부모님이랑 이야기할 때,

자기 전에도 폰을 사용하고 있진 않나요?

02 안전한 학교 생활 생각하기

스마트폰은 카페인(콜라, 초콜릿, 커피 등)와 같아서 밤에 잠들기가 힘들어져요.
또한 오랜시간동안 스마트폰을 사용하게 될 경우, 성장과정에서 좋지 않은 영향을 미치게 되며,
주의력결핍증후군(ADHD) 등을 유발하여, 학습능력의 저하로 이어질 수 있어요.

▶ 인터넷을 실행하여, '스마트쉼센터'를 검색해볼까요?

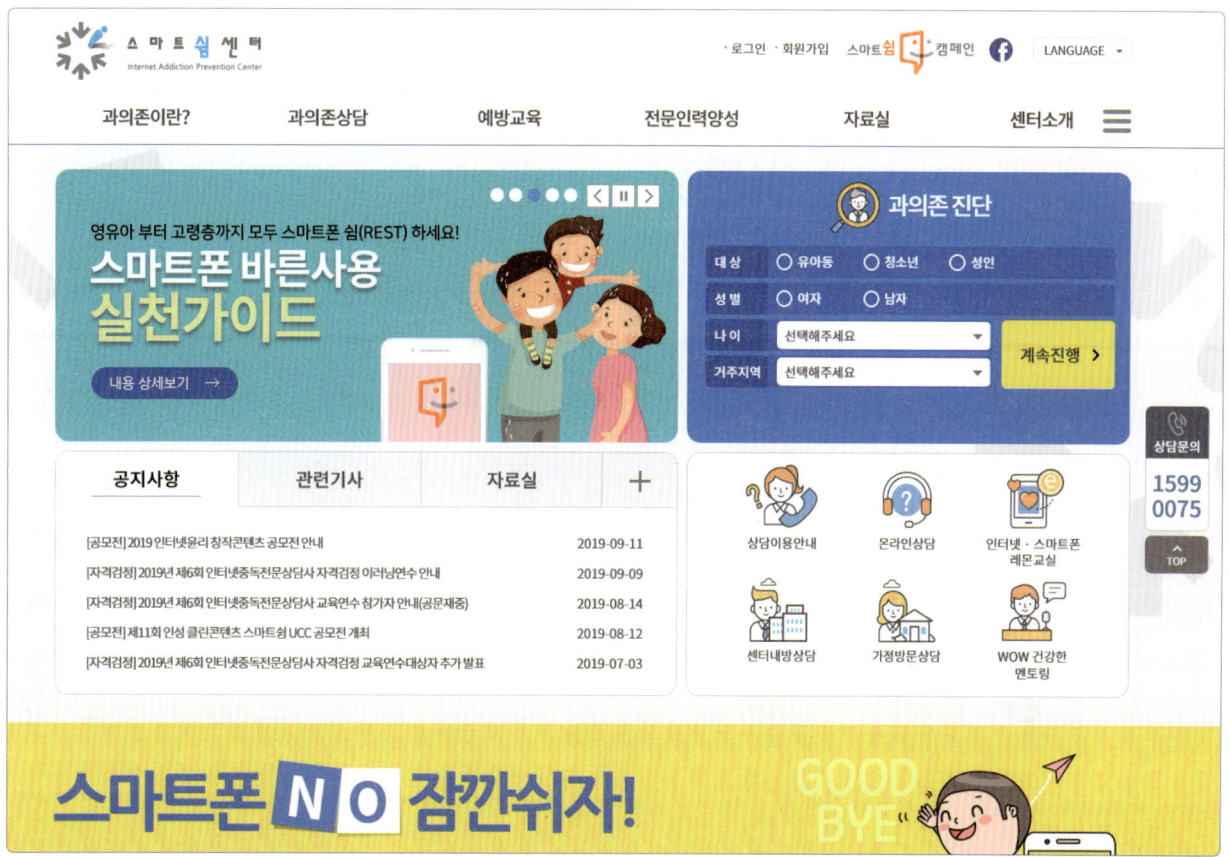

생각해보기 스마트쉼센터를 검색하려면 어떤 순서로 입력해야 할까요?(연필로 따라 적어보세요.)

| ㅅ | ㅡ | ㅁ | ㅏ | ㅌ | ㅡ | ㅅ | ㅜ | ㅣ | ㅁ | ㅅ | ㅔ | ㄴ | ㅌ |
| ㅓ | | | | | | | | | | | | | |

CHAPTER 23 - 스마트폰 중독은 위험해!

03 스마트폰 의존도를 진단해보고, 스마트폰 중독 탈출기 영상을 시청해 보아요.

① 스마트쉼센터 홈페이지의 과의존 진단에서 '대상', '성별', '나이'를 선택하고 <계속진행> 단추를 클릭합니다.

② 스마트폰 과의존에 대한 10문제를 풀고 <결과보기> 단추를 눌러 진단 내용을 확인합니다.

③ [자료실]-[콘텐츠·교육자료] 메뉴를 클릭하여 다음과 같이 동영상을 검색합니다.

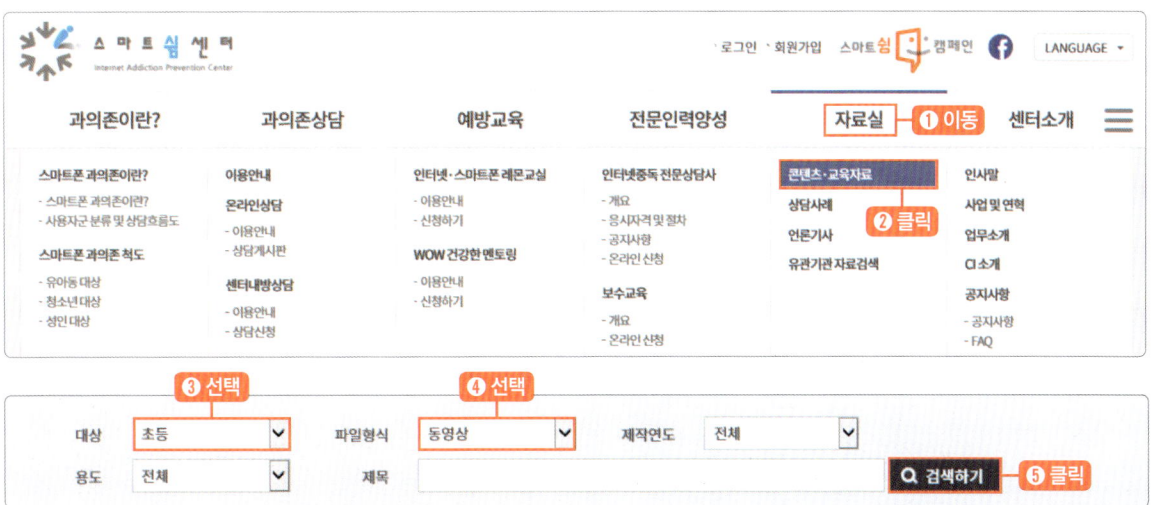

④ '[초등] 콩이의 스마트폰 중독 탈출기'를 클릭하여 동영상을 시청합니다.

04 파워포인트(한쇼)와 친해지기

◆ 스마트폰 중독 예방 약속을 적어 볼까요?

 불러올 파일 : 23강-예제   완성된 파일 : 23강-완성

[입력 화면]

[결과 화면]

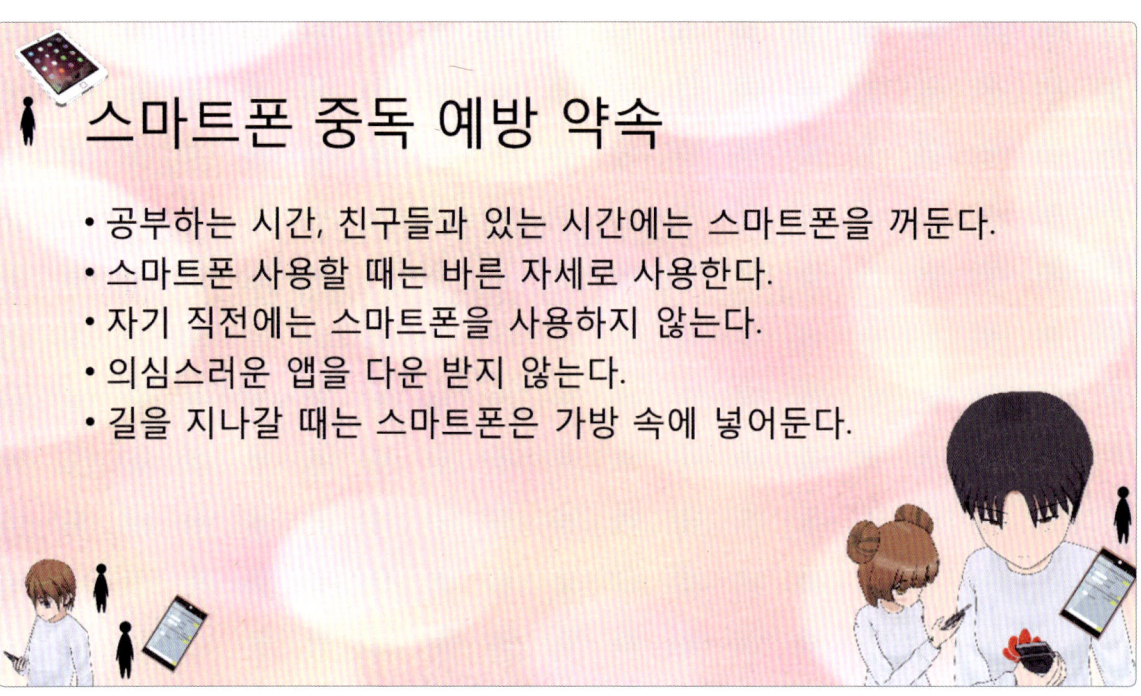

CHAPTER 24　컴벤져스 되기 - 3차 관문

안전 히어로 컴벤져스가 마지막 관문

그럼 3차 관문 시작합니다!

01 안전 능력 평가 : 안전 다짐 받아쓰기

1~22강까지 배운 안전 다짐을 가지고 받아쓰기를 합니다. 여러분은 '키보드 연습' 파일을 열어 주세요.

▶ 선생님께서 문장을 불러주면 다음 빈칸에 연필로 적고, '키보드 연습' 파일에 문장을 입력합니다.

번호	받아쓰기
1	
2	
3	
4	
5	

02 안전한 학교 생활 생각하기

안전 다짐 받아쓰기 한 내용을 가지고, 문서로 옮겨 봅니다.

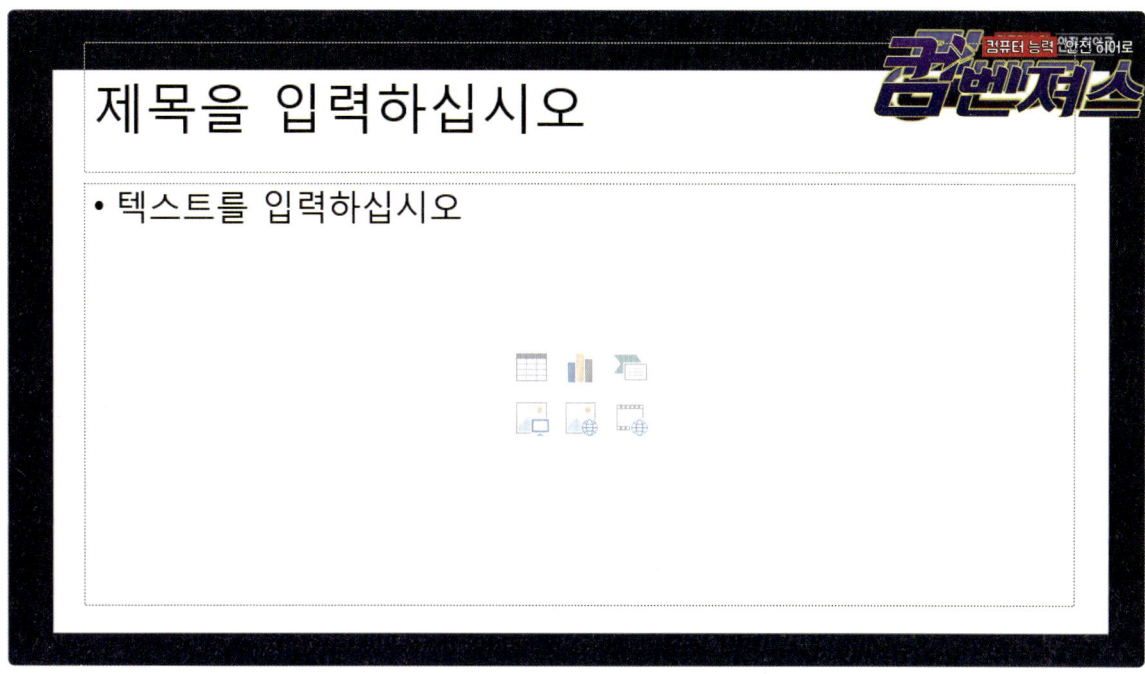

1. 제목은 '학교 생활 안전 다짐하기' 로 입력하세요.

2. 제목의 글자는 '굵게', '텍스트 그림자', '글자색 빨강'를 지정하세요.

3. 내용에는 안전 받아쓰기 1~5번의 내용을 입력하세요.

3차 관문 통과!

임명장

위 학생은 안전 히어로 컴벤져스의 모든 관문에 통과하였으므로 이 증서를 수여 합니다.

      년   월   학생을
컴벤져스 요원으로 임명함.

      년   월

초등학교 컴퓨터부

엄마, 나도 웹툰 만들 수 있어요!

toonspoon

게임 캐릭터로 만들어보는 쉬운 웹툰 만들기!
엄마 저도 웹툰 작가 될 수 있어요!

꿈
웹툰 작가 체험을 통해
되고 싶은 미래의 꿈을
경험해볼 수 있어요!

창의력
흰 페이지를 나만의
방법으로 꾸미면
창의력이 쑥쑥!

스토리텔링
나만의 이야기를
전달할 수 있는 능력을
함께 길러보세요!

 툰스푼

툰스푼(ToonSpoon)은
'누구나 쉽고 재미있게 창작하고 소통하는 창작 커뮤니티' 입니다.

눈이 즐거워지는 그림과 함께 내 상상력의 한계를 넓혀보세요.
매일 매일 열리는 색다른 이벤트에 참여하고, 나를 기다려 주는 독자를 만나 보세요.

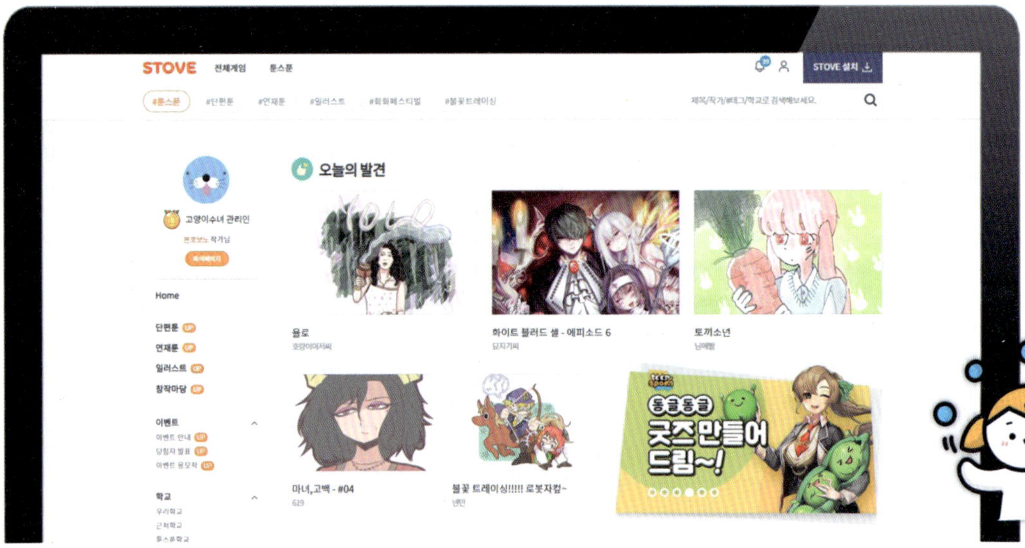

※ 위의 예시 창작물은 모두 10대 툰스푼 유저가 창작한 작품입니다.